DU MÊME AUTEUR

Aux Éditions Gallimard

LA GLOIRE DE L'EMPIRE (« Folio », n° *1065*).

AU PLAISIR DE DIEU (« Folio », n° *1243*).

AU REVOIR ET MERCI.

UN AMOUR POUR RIEN (« Folio », n° *1034*).

LE VAGABOND QUI PASSE SOUS UNE OMBRELLE TROUÉE (« Folio », n° *1319*).

DIEU, SA VIE, SON ŒUVRE (« Folio », n° *1735*).

DISCOURS DE RÉCEPTION DE MICHEL MOHRT À L'ACADÉMIE FRANÇAISE ET RÉPONSE DE JEAN D'ORMESSON.

DISCOURS DE RÉCEPTION À L'ACADÉMIE FRANÇAISE DE MARGUERITE YOURCENAR ET RÉPONSE DE JEAN D'ORMESSON.

ALBUM CHATEAUBRIAND. *Iconographie commentée.*

GARÇON DE QUOI ÉCRIRE. *Entretiens avec François Sureau* (« Folio », n° *2304*).

HISTOIRE DU JUIF ERRANT (« Folio », n° *2436*).

LA DOUANE DE MER (« Folio », n° *2801*).

PRESQUE RIEN SUR PRESQUE TOUT (« Folio », n° *3030*).

CASIMIR MÈNE LA GRANDE VIE (« Folio », n° *3156*).

LE RAPPORT GABRIEL (« Folio », n° *3475*).

C'ÉTAIT BIEN (« Folio », n° *4077*).

JE DIRAI MALGRÉ TOUT QUE CETTE VIE FUT BELLE.

GUIDE DES ÉGARÉS.

Bibliothèque de la Pléiade

ŒUVRES

Ce volume contient : Au revoir et merci – La Gloire de l'Empire – Au plaisir de Dieu – Histoire du Juif errant.

Suite des œuvres de Jean d'Ormesson en fin de volume

ET MOI, JE VIS TOUJOURS

JEAN D'ORMESSON

de l'Académie française

ET MOI,
JE VIS TOUJOURS

roman

GALLIMARD

*Il a été tiré de l'édition originale de cet ouvrage
cent soixante exemplaires sur vélin rivoli
des papeteries Arjowiggins numérotés de 1 à 160.*

Toute la suite des hommes, pendant le cours de tant de siècles, doit être considérée comme un même homme qui subsiste toujours et qui apprend continuellement.

PASCAL

Je connais tout ce que les hommes
peuvent éprouver, du plus bas au plus haut...
Je suis au fond chaque nom de l'histoire.

NIETZSCHE

Oui, c'est moi, mes enfants,
Qui suis le Juif errant...
Chacun meurt à son tour,
Et moi, je vis toujours.

ANONYME

LE MAÎTRE DU FEU
ET L'HOMME AU LOUP

Longtemps, j'ai erré dans une forêt obscure. J'étais presque seul. Peu de voisins, pas d'amis. Pour ainsi dire pas de parents. J'ai à peine connu ma mère qui m'avait donné son lait. Je n'ai guère eu le temps de m'attacher à elle. Mon père n'était jamais là. Il se promenait, il courait les filles, il se battait, il chassait. Il a, lui aussi, disparu assez vite. À vingt ans, j'imagine, ou peut-être à vingt-cinq. Qui le dira ? Pour moi au moins, le mythe du père ne signifiait pas grand-chose. Ma famille était peu nombreuse. Je n'avais personne à qui me confier. Je parlais très peu. Surtout quand j'avais mal, quand j'avais faim ou soif, quand j'avais envie de quelque chose. Je me servais de très peu de mots. Autant que je me souvienne de ma lointaine enfance, je ne pensais à rien. À survivre seulement. Je tenais à la vie. Elle était dure. Dans une nature encore vierge où il n'était question ni de ville, ni d'usines, ni de cette chose merveilleuse, compliquée et pourrie que vous appelez civilisation, je me défendais déjà plutôt bien. J'étais habile et fort. J'aimais jouer. Je grimpais dans les arbres où je construisais des cabanes.

Un oncle ou un grand-père de trente ou trente-cinq

ans, qui me paraissait très âgé, qui avait sans doute aimé ma mère et qui, je n'en sais rien, était peut-être mon père, avait pris soin de moi avant de mourir très vieux deux ou trois ans plus tard. C'est lui qui m'a nourri. De fruits, de dattes, de poissons pêchés dans le lac ou dans la rivière, de débris de gazelles abandonnées par les hyènes. Il me protégeait aussi. Des buffles, des rhinocéros, des crocodiles, des lions. J'avais peur des serpents. Il en avait apprivoisé un qu'il gavait de mouches et d'insectes et qu'il faisait danser à coups de sifflet. Il sifflait très bien. Il exprimait en sifflant ses sentiments et ses craintes. Il était très gai. Il vivait sous un gros rocher, dans une caverne où il m'avait recueilli. Je l'aimais.

Je me rappelle très bien ma première émotion d'enfant. J'ai toujours beaucoup dormi. J'aimais dormir. Je me couchais dans la grotte avec le jour, je me levais avec le jour. Une nuit, je ne sais plus trop pour quelle raison, par curiosité peut-être (j'étais déjà curieux) ou peut-être un cauchemar, je me suis levé sans bruit et je me suis glissé hors de la caverne. Il faisait nuit noire. Bien enveloppé dans ma peau de chacal ou de gazelle, je me suis assis par terre, les yeux grands ouverts. Soudain, au fond d'une éclaircie au cœur de la grande forêt, une lueur apparut. À une vitesse incroyable, le soleil se levait. Je poussai un cri. J'avais déjà compris que des forces mystérieuses étaient à l'œuvre dans le ciel.

Une surprise plus vive encore, qui allait jusqu'à l'angoisse, s'empara de moi un peu plus tard. Rho – il m'appelait Rha, je l'appelais Rho, je n'ai jamais su pourquoi – m'emmenait souvent, le soir, à la chasse avec lui. La nuit était déjà tombée. Il faisait chaud et très calme.

Les étoiles brillaient. Pas un nuage dans le ciel. Pas un bruit. Les oiseaux s'étaient tus. De temps en temps, au loin, un feulement ou une fuite furtive au milieu des hautes herbes. La lune était pleine. Je me sentais bien. Un curieux sentiment m'envahissait, qui allait plus loin que le silence des organes et la souplesse des mouvements. Quelque chose qui allait jouer un grand rôle tout au long de ma vie : c'était le bonheur. Soudain, sans un cri, la lune fut comme happée par un dragon invisible qui, après lui avoir rongé un bord, s'avançait vers son cœur avec une lenteur terrifiante. Je regardai Rho. Il tremblait. La terreur nous jeta à terre. Tout devenait sombre. On aurait dit qu'une nuit s'emparait de la nuit. Nous n'étions ni idiots ni craintifs. Rho était courageux et très intelligent. Il regardait le monde et il le comprenait. Il claquait des dents. Il me serrait contre lui. La lune disparue, tout devenait possible. Même le pire. Il était peu probable que le soleil reparût le lendemain. Tout le reste de la nuit, de retour dans notre caverne, je le passai dans les bras de Rho. Je me demande, je ne sais plus, s'il n'en profita pas un peu. À l'aube, le jour se levait. Alors Rho baisa la terre, prit de la poussière dans ses mains, la répandit sur ses cheveux et prononça des choses confuses.

Une troisième expérience, quelques lunes à peine plus tard, j'étais encore tout jeune, fut encore plus excitante. Il faisait froid. Rho avait rassemblé des brindilles, des herbes sèches, de minces baguettes de bois, les branches d'un vieil arbre abattu par la foudre et il avait élevé sur une large pierre plate une sorte de pyramide fragile qui comportait une ouverture à sa base. Un silex dans chaque main, il se mit à les frotter l'un contre l'autre avec une brindille au milieu. Il fallut attendre longtemps. Mais, tout à coup, des étincelles jaillirent des silex et mirent le feu à la brindille que Rho jeta d'un geste vif au bas de la pyramide. Une chaleur se répandit. Sous les grognements d'admiration et les cris de joie de tous ceux, assez nombreux, peut-être une demi-douzaine ou une dizaine, réunis autour du brasier, un grand feu monta vers le ciel.

Ce n'était pas la première fois que je voyais le feu à l'œuvre. Fruit sans doute de la foudre ou d'un pouvoir mystérieux et malin, tout un pan de la forêt avait déjà brûlé sous mes yeux. Je savais que, semblable à un être vivant en train de danser et habité par des forces qui nous dépassaient de très loin, le feu éclaire, réchauffe, brûle et détruit. Mais je n'avais jamais assisté à ce spectacle étonnant : le surgissement du feu des mains d'un homme semblable à moi et sa domestication. Nous donnions à Rho le nom de Maître du feu.

L'affaire du feu, j'ose le dire, allait connaître des développements incalculables. On m'a souvent accusé, lorsque j'évoquais le souvenir de Rho et de ses aventures, d'exagérer un peu. Je ne le crois pas. La maîtrise du feu allait changer le monde. Le compliquer, aussi. À des stades successifs, la guerre du feu allait nous opposer les uns aux autres. Chacun voulait, à son tour, dérober le feu sacré et l'utiliser à son propre bénéfice. Les quatre motifs principaux de conflits dans mon enfance étaient l'eau, la nourriture, le feu et les femmes. Je pourrais là-dessus accumuler les faits, les souvenirs, les anecdotes. Oui, bien sûr, les hommes aiment et cultivent – ou prétendent aimer et cultiver – les idées, les convictions, les sentiments, les passions. Mais ils peuvent s'en passer. Ils ne peuvent pas se passer, sous peine de mort, de manger et de boire. Ce qui a occupé au début le plus clair de mes jours, c'est la nourriture et l'eau. Nous pouvons garder les femmes pour plus tard. D'un bout à l'autre de ma longue vie, elles ont tenu la première place. Ne les perdons pas de vue. Nous ne cesserons de les retrouver.

Il y avait autre chose encore dans les jours difficiles et glorieux de mes lointaines origines. C'étaient les vêtements et surtout les outils. Les vêtements étaient d'abord destinés à nous protéger du froid. Mais, assez vite, un souci de confort, de distinction, d'élégance, de futilité s'est ajouté à la nécessité pratique. Je ne me rappelle pas à quel moment l'idée m'est venue de couvrir mes parties sexuelles. Rho les exhibait volontiers. Peut-être par honte de la comparaison, j'étais plus réservé. Nous savions naturellement qu'il nous fallait prendre soin de notre corps. La façon de le protéger nous était indifférente. Le plus gros de nos vêtements était fait de peaux de bêtes. Il n'était pas interdit de les orner de fleurs, de plumes, de fibules ouvragées. Mais l'essentiel était ailleurs.

L'essentiel, c'était nos outils. Ils étaient rares. Rho en possédait un nombre déjà respectable qu'il avait façonnés de sa main. La main jouait dans mon enfance un rôle très important. Nous avions des bras et des jambes qui nous permettaient d'agir et de tenir debout. Nous avions une tête, un cœur, un ventre où commençaient à s'agiter des idées et des passions. Nous avions surtout deux mains. Autant et plus que la tête et les jambes, elles faisaient de nous les rois de la création. Elles fabriquaient des outils.

Les outils commandaient notre vie. Pour survivre, il fallait chasser, pêcher, couper, tailler. Certains outils qui avaient déjà exigé beaucoup de travail étaient indispensables pour en obtenir d'autres, plus précieux encore. La chasse et la pêche utilisaient des flèches, des piques, des filets qui réclamaient, en amont, des outils plus grossiers pour leur fabrication. Les armes qui nous permettaient de vivre renvoyaient à des outils. Il y avait les outils et les outils des outils. Tous étaient nécessaires à l'existence quotidienne et faisaient la fierté de leurs propriétaires. Rho chérissait les siens et les entourait de quelque chose qui ressemblait à des égards. La terre, l'eau, l'air, la lumière étaient à tout le monde – ou au moins à ceux qui savaient s'en servir pour la chasse, pour la pêche dans les lacs et les rivières, pour le feu. Nos biens, qui ignoraient toutes les lois de l'économie moderne, se résumaient à quelques peaux de bêtes et à un certain nombre d'outils que nous emportions avec nous en même temps que nos hardes quand nous nous déplacions pour de longues expéditions.

Ces expéditions avaient des motifs très divers : l'épuisement des ressources locales, l'ennui né de l'habitude, une curiosité de l'ailleurs qui ne cessait de devenir plus forte et de nourrir des rêves de plus en plus ambitieux, la crainte d'ennemis redoutables qu'il s'agissait de fuir, mais surtout le climat et, du coup, l'environnement.

Le climat changeait. Lentement. Mais il changeait. Nous ne vivions pas assez longtemps dans ma jeunesse pour sentir avec force les effets de ce changement. Mais il devenait avec évidence un sujet de préoccupation. Peut-être parce que nous étions des créatures qui se souviennent obscurément du passé et qui rêvent toujours d'autre chose, le soir, au coin du feu, des légendes venues des générations précédentes commençaient à courir.

Je n'étais plus un enfant à qui échappe son destin. Rho, le Maître du feu, que j'avais tant aimé, était mort. Je prenais sa place. Je gagnais en assurance. Je parlais plus librement. Des idées me venaient. Et des mots pour les dire. Le matin, avant de partir pour la chasse, ou le soir en revenant, une occupation nouvelle s'était emparée de moi. Pour conjurer le mauvais sort, je dessinais de petites choses qui me tenaient à cœur sur les murs des cavernes où nous habitions : des arbres, des animaux, des rêves aussi, le soleil ou la lune, des mains, l'image que je gardais de Rho. Mes semblables se moquaient de moi ou me regardaient avec méfiance. Mais quelques-uns me disaient qu'ils trouvaient ça assez joli.

Les loups m'avaient toujours intéressé. Je les craignais et ils m'attiraient. Avec patience, j'avais tissé des liens presque d'amitié avec plusieurs d'entre eux. Un loup, parmi beaucoup d'autres, s'était attaché à moi. Il disparaissait souvent. Il revenait toujours, parfois couvert de sang. Je le voyais rôder autour de moi. Un jour, je me suis enhardi jusqu'à le toucher. Il ne m'a pas mordu. Il a fini par m'accompagner dans plusieurs expéditions et par me suivre comme mon ombre. J'avais essayé d'apprivoiser aussi un crocodile et des oiseaux que je tentais d'attirer avec des fruits ou des graines. Ce fut chaque fois un échec. Le loup, au contraire, devint vite mon familier. J'y gagnai un surnom : l'homme au loup.

Aux plus attentifs d'entre nous, je me mettais à raconter les hauts faits de mon vieux maître et ce qu'il me laissait entendre d'un passé évanoui dont ne subsistaient que des bribes qui prenaient la forme de souvenirs. Hier, la forêt avait été plus épaisse et plus grande. Hier, il y avait de l'eau partout. Hier, le soleil était moins chaud. Hier, la terre était moins sèche. Le monde autour de nous avait lentement cessé d'être vert pour virer à l'ocre et au jaune. La poussière avait pris la place des plantes et des branches et des feuilles sur les arbres. Les plus âgés hochaient la tête : c'était mieux avant. Vous savez ce que sont les rumeurs. Une rumeur se répandait. Hier ou avant-hier, des torrents d'eau étaient tombés sur la terre, apportant des désastres et la fécondité. Et puis, sur cette même terre où tout changeait tout le temps, la sécheresse s'était abattue.

Depuis des temps immémoriaux, beaucoup d'entre nous étaient déjà partis. Ils avaient disparu. Ils n'étaient jamais revenus. Nous ne savions plus rien d'eux. Une envie dévorante nous prenait de les suivre et de partir à notre tour.

Les esprits s'échauffaient. Nous étions moins isolés. Des voyageurs venus d'ailleurs parvenaient jusqu'à nous. Nous avions du mal à les comprendre. Je suis porté à croire que les enfants ont joué un grand rôle. Dans ma petite enfance, ceux qui comptaient, c'étaient les vieux. Ceux qui n'étaient pas morts. Le petit nombre des survivants qui avaient accumulé tant d'expérience et de souvenirs. Les gens venus d'ailleurs qu'il nous arrivait de rencontrer, qui ne nous ressemblaient pas et qui nous faisaient peur, nous les avons d'abord tués. Parfois mangés. Parfois sacrifiés aux puissances mystérieuses à qui nous devions le soleil, la lune, la nuit et le jour, la santé, une bonne chasse, une bonne pêche. Pas mal de sang avait coulé. À quelques-uns d'entre eux, dont nous nous demandions si c'étaient vraiment des hommes, nous avons laissé la vie. Nous les chargions des tâches que nous ne voulions plus accomplir. Ils allaient chercher de l'eau, du bois, des herbes, souvent de plus en plus loin. Ils n'étaient pas nos égaux. Mais ils avaient des enfants que nous n'avions pas tous tués. Ces enfants et les nôtres se comprenaient mieux que les vieillards et les adultes. C'est par eux que nous venaient des récits étonnants sur des régions lointaines bien au-delà de la forêt menacée et des collines desséchées. Des régions où les forces magiques du soleil et de la pluie semblaient s'entendre assez bien.

Il y avait là-bas, au loin, des forêts comme chez nous. Il y avait aussi des fleuves et des lacs. Il y avait même des étendues d'eau si grandes qu'il était impossible de les traverser et que ceux qui s'y étaient essayés n'avaient jamais reparu. Tout poussait sans peine dans ces contrées enchantées où s'élevaient des édifices de pierre et de bois appelés maisons et même de vastes demeures où habitaient les descendants des déesses et des dieux appelés les rois et les reines : des palais. Dans l'imagination des miens, ces pays du soleil levant prenaient des allures fabuleuses. La vie, chez nous, devenait de plus en plus dure. Une envie irrésistible d'aller voir ailleurs si l'herbe était plus verte nous prenait à la gorge.

Nous partions. Nous étions nombreux à partir, par vagues successives. Je m'en suis allé avec les miens pour ne pas revenir. Nous ne nous retournions pas sur notre passé. Nous rêvions en avant. J'avais vieilli. Je regardais autour de moi. Je me souvenais de Rho, mais il était mort. Je réfléchissais. Je parlais de plus en plus vite. Les mots m'amusaient. Le monde était beau. Et il y avait autre chose à découvrir que ma forêt primordiale et les arbres où je grimpais. Nous marchions.

Longtemps je m'étais déplacé de bas en haut et de haut en bas. Maintenant je marchais droit devant moi, la tête haute, impatient et curieux. Le soleil n'en finissait pas de se lever devant nous. Je découvrais avec ahurissement, avec admiration un monde nouveau dont je n'avais aucune idée : des peuples, des langues, des villes, des religions, des philosophes et des rois.

DES VILLES ET DES DIEUX

Après des jours, des mois, des années, des siècles, peut-être des millénaires de marche, nous sommes parvenus sur les bords d'un fleuve qui nous parut immense. Il s'appelait le Nil. De grandes villes s'étaient bâties sur ses rives. Des hommes et des femmes qui paraissaient bien vêtus et bien nourris se pressaient en foule dans la plus peuplée et la plus belle d'entre elles. Elle portait plusieurs noms dont la puissance et la gloire s'étendaient très au loin. Elle s'appelait Thèbes. Les temples consacrés à ses dieux l'avaient rendue célèbre. La rumeur courait qu'il était possible d'entrer dans Thèbes par une centaine de portes différentes. Sur l'emplacement de Thèbes aux cent portes avait été construit un ensemble d'édifices religieux, dédiés notamment au dieu Amon, que les gens du pays appelaient Karnak. D'autres, plus tard encore – le temps passait à toute allure –, allaient donner à la cité antique le nom de Louxor.

Le Nil faisait la richesse de ses riverains, les Égyptiens. Sur les bords du fleuve s'était développée une activité surprenante : l'agriculture. Elle rythmait l'existence d'une bonne partie de la population et elle répandait la prospérité. La foule était si dense dans les rues de Thèbes, ornées de statues gigantesques représentant souvent des lions de pierre au visage de femme connus sous le nom de sphinx, que la tête me tournait un peu. Paysans, artisans, ouvriers, soldats, prêtres, marins s'agitaient et se bousculaient sans répit. Je découvrais avec stupeur un peuple, une langue, une religion, un mode de vie qui formaient une sorte d'ensemble bigarré et plus ou moins cohérent.

Ce qui m'étonnait le plus et me plongeait dans l'angoisse, c'était une invention nouvelle : l'écriture. Les paroles ne restaient plus comme suspendues en l'air dans le temps : elles se fixaient dans l'espace sur le bois ou la pierre, plus tard sur du cuir ou sur des papyrus. Beaucoup faisaient la moue et regrettaient le bon vieux temps où régnaient la parole et notre seule mémoire. Mais toute une fraction importante de la population se consacrait à l'écriture : c'étaient les scribes. Ils étaient très puissants. On eût dit que l'écriture leur assurait le pouvoir, la richesse et la considération. Les tombes des scribes le long du Nil étaient aussi somptueuses que celles des princes, des architectes ou des généraux.

Plusieurs scribes plus savants et peut-être plus âgés que les autres m'avaient parlé, dans le vague, de pays mystérieux, loin dans le soleil levant, qui s'étendaient le long de deux fleuves aussi imposants et aussi vénérés que le Nil : le Tigre et l'Euphrate. C'est là, sur les bords du Tigre et surtout de l'Euphrate, que, quelque deux mille ans avant l'époque dont je vous parle, étaient apparues à la fois les premières villes et une écriture primitive appelée cunéiforme. Dans un ensemble mal défini sous le nom de Sumer s'étaient succédé des dynasties et des civilisations connues sous les noms d'Uruk, de Lagash, d'Akkad ou d'Ur. Des princes ou des rois puissants avaient régné dans cette région appelée aussi Mésopotamie, c'est-à-dire « le pays au milieu des fleuves » : Sargon d'Akkad ou Hammourabi à Babylone. C'est à Sumer que devait paraître une des plus anciennes de toutes les épopées et de toutes les productions littéraires : l'histoire d'un héros nommé Gilgamesh qui parcourt ce monde et l'autre avec son ami Enkidu et parvient, parmi des batailles et des aventures sans nombre, jusqu'à une aubergiste inoubliable, installée sur les confins du monde. Un vieux scribe un peu fou avait même prononcé, avec considération et avec une sorte de terreur sacrée, le nom d'un personnage plus mystérieux encore que les autres et qui aurait été lié à Ur : Abraham.

À la tête des Égyptiens, il y avait deux pouvoirs qui se confondaient entre eux et dont il était facile de mesurer l'omniprésence et la puissance : la religion et le roi. Le roi, appelé aussi pharaon, portait sur sa tête une couronne compliquée représentant les peuples dont il avait la charge. La religion était administrée par des prêtres qui vénéraient toute une série de déesses et de dieux, le plus souvent à tête d'animal – vache, crocodile, faucon, chat… –, dont les plus importants portaient les noms d'Isis, d'Osiris, d'Amon-Râ ou d'Aton. La vie et la mort des Égyptiens dépendaient de ces divinités qui jouaient un rôle considérable non seulement dans leur existence de chaque jour, mais au-delà de la mort.

Le sommet de la pyramide politique, économique, sociale et même religieuse était occupé par le pharaon qui jouait lui-même le rôle d'une divinité majeure du panthéon égyptien. Pour nous qui venions de si loin et qui ne connaissions presque aucune forme de pouvoir organisé, le pharaon apparaissait comme une sorte de miracle invraisemblable et terrifiant.

Les millénaires s'étaient succédé dans le silence et dans l'ombre. Les siècles passaient comme des jours. J'étais devenu égyptien. Je parlais la langue des Égyptiens. J'adorais les dieux des Égyptiens. Je me prosternais dans la poussière au passage du pharaon. Le nom du plus célèbre d'entre eux brillait d'un éclat incomparable. Il s'appelait Ramsès II et il avait remporté victoire sur victoire. Il incarnait mieux que personne une force nouvelle qui se confondait avec moi et qui allait tout envahir : l'histoire universelle.

Il n'était pas le seul. À l'époque de Ramsès II, il y avait toute une série de peuples qui tentaient, en vain, de rivaliser avec le pharaon : les Hittites, les Hyksos, les Peuples de la Mer... Il y avait surtout un petit peuple qui était très loin d'avoir la puissance des Égyptiens, mais qui tirait sa force morale d'une religion avec laquelle il se confondait : c'était le peuple juif. Les Juifs évoluaient parmi les Égyptiens et ils se distinguaient d'eux.

À peu près exactement au temps de Ramsès II vivait un prophète juif qui avait joué un grand rôle, non dans l'expansion politique, mais dans la cohérence religieuse et morale du petit peuple juif, mêlé de très près au peuple égyptien. C'était Moïse. Moïse et Ramsès II sont les deux figures majeures de la fin de ce qu'un autre groupe d'individus liés entre eux par une autre religion et qui s'empareront du calendrier de l'histoire universelle – les chrétiens – appellera le deuxième millénaire avant la vie terrestre de leur suprême divinité. Quelque chose d'important, et peut-être d'essentiel, qui allait jouer, assez tard, un rôle décisif dans mon existence à venir, unissait les Égyptiens et les Juifs. Les Juifs avec Moïse, successeur d'Abraham, et les Égyptiens avec un pharaon, prédécesseur de Ramsès II, du nom d'Akhenaton, dont l'influence fut brève, mais forte, avaient inventé le monothéisme et adoraient un Dieu unique à qui ils donnaient des noms différents.

Je commençais à deviner que le monde de cette fin de votre deuxième millénaire ne se limitait pas aux Égyptiens et aux Juifs. Les rumeurs colportées par des soldats, des marins, des voyageurs parlaient en termes obscurs de hautes montagnes et de grands fleuves plus loin encore vers le soleil levant. Les nouvelles de ces régions étaient truffées de légendes et d'affabulations qui laissaient peu de place à la vérité. Il semblait bien pourtant qu'à l'époque de Ramsès II et de Moïse se déroulait quelque part au-delà de territoires sans fin et d'une mer infranchissable toute une série d'événements dont je n'appris que bien plus tard la réalité historique : le siège et la chute d'une grande ville peut-être aussi importante que Thèbes. Ramsès II, Moïse et la guerre de Troie sont à peu près contemporains. Bien avant la gloire d'Athènes et la puissance romaine, mes sortilèges, ramassés sous le nom d'histoire universelle, commencent à se nouer et à se tisser entre eux.

« SONGE, SONGE, CÉPHISE,
À CETTE NUIT CRUELLE... »

J'ai été africain. J'ai été sumérien. J'ai été égyptien. J'ai été juif. J'ai aussi été troyen. J'ai aimé cette ville poétique, familière et malheureuse. Son roi : Priam. Sa reine : Hécube. Et leur flopée d'enfants : l'aîné, Hector, un chevalier sans peur et sans reproche. Un héros. Une légende. Mari d'Andromaque qui est déjà presque française. Le cadet, Pâris, appelé aussi Alexandre pour compliquer les choses, un voyou, une petite frappe, qui enlève la belle Hélène, femme de Ménélas, le frère d'Agamemnon, roi de Mycènes. Cassandre, la fille, qui passe pour une voyante parce qu'elle ne se trompe pas sur un avenir qui ne sera, comme toujours, que malheur et catastrophe – et d'où sortiront, comme toujours, le bonheur et la grandeur.

Ce qu'il y a de merveilleux avec la guerre de Troie, c'est que, contrairement à la règle qui veut que l'histoire soit la mère de la poésie, c'est ici de la poésie que surgit enfin l'histoire. Presque tout ce que vous savez de la guerre de Troie sort de l'*Iliade* d'Homère – dont nous ne savons pas grand-chose, pas même s'il a vraiment existé. L'*Iliade* de ce poète inconnu, peut-être aveugle, peut-être légendaire, mais en tout cas génial, est à la source de tout un pan immense de l'histoire universelle. D'Eschyle et de Platon à Ronsard et à James Joyce, de Virgile à Racine, à Jean Giraudoux et à Jean Anouilh, toute la littérature occidentale est fille de l'*Iliade* et de l'*Odyssée*.

Quelque quatre cents ans – un peu moins d'un demi-millénaire – après la guerre de Troie, Homère célèbre l'aventure. Troie, aujourd'hui, n'existe plus. Les souvenirs, les témoignages sont très flous et très vagues. C'est presque exclusivement sur l'*Iliade* d'Homère que se sont fondés historiens et archéologues pour en savoir un peu plus sur la situation de Troie à l'époque de sa chute. L'*Iliade*, à vrai dire, ne fournit que des renseignements fragmentaires. La guerre dure dix ans. Le récit de l'*Iliade* s'étend sur quelques mois à peine. Il part de la fameuse colère d'Achille à qui Agamemnon, le roi de Mycènes, le roi des rois, a fauché Briséis, une jeune et belle esclave. Il s'achève avec la mort d'Hector, le héros des Troyens. Hector a tué Patrocle, ami de cœur d'Achille, et Achille, le héros des Grecs, tue Hector par vengeance avant d'être tué lui-même, pas tout à fait à la loyale, par Pâris, le frère d'Hector. Le sang coule à flots autour de moi et de Troie assiégée avant le bouquet final de la chute de la ville.

Le sac de Troie constitue une grande première dans l'histoire universelle. Des villes étaient sans doute déjà tombées dans le passé aux mains d'envahisseurs. Mais jamais au terme d'une guerre de dix ans. La série se poursuit avec éclat dans l'avenir. Carthage, Rome, Constantinople, Damas, Bagdad, Famagouste à Chypre, Grenade, Tolède, Stalingrad, Berlin, Alep fournissent, parmi beaucoup d'autres, des exemples terrifiants de villes en train de mourir. Rapportée par Racine, la plainte d'Andromaque vaut pour chacune d'entre elles :

Songe, songe, Céphise, à cette nuit cruelle
Qui fut pour tout un peuple une nuit éternelle...

Grâce à une ruse à peine honorable du subtil Ulysse, l'homme aux mille tours et aux mille ressources – le fameux cheval de Troie –, les Grecs, chacun le sait, sortent vainqueurs du conflit. Ils rendent la belle Hélène à son mari légitime, ils donnent Andromaque à Pyrrhus, le fils d'Achille, et chacun d'eux rentre chez soi, la gloire au front, avec son lot d'esclaves et sa part du butin. Ulysse met plus de temps que les autres à regagner son île – Ithaque. La guerre avait duré dix ans. En proie à la colère d'Aphrodite et de Poséidon, protecteurs des Troyens, il passe encore dix ans à naviguer sur les flots. Je ne veux pas trop parler de moi, mais j'ai été le seul à combattre à la fois dans les deux camps opposés. J'étais l'ami d'Achille et d'Ulysse, mais aussi d'Hector et d'Andromaque. J'ai admiré les Grecs, mais j'ai aimé les Troyens.

Les Grecs triomphent, mais les Troyens sont loin d'avoir dit leur dernier mot. Un Troyen pieux, Énée, portant son père, Anchise, sur son dos, fuit la ville en flammes et parvient à Carthage où la reine Didon tombe amoureuse de lui. Mais, comme Ulysse avec Circé ou avec Calypso, il ne se laisse pas circonvenir ni détourner de son destin. Il fuit Carthage et son amour. Didon se suicide. Lui débarque en Italie où de son union avec la déesse Vénus descendront tous les rois qui régneront sur Rome. C'est l'histoire que raconte l'*Énéide* de Virgile. Homère a du génie. Virgile est un immense poète et son *Énéide* est un beau et bon et grand roman d'aventures et d'amour.

Ibant obscuri sola sub nocte per umbram.
Ils s'en allaient obscurs dans la nuit solitaire…

J'étais attaché aux Troyens. Je suivais les Grecs. Vers Mycènes, vers Ithaque, vers Athènes, vers l'Ionie. Ce sont les plus beaux jours de ma vie. Le monde, qui était déjà vieux, me semblait jeune et neuf. Il l'était. En un peu moins de deux siècles qui sont le printemps de l'histoire, les Grecs vont tout inventer.

LE PRINTEMPS DE L'HISTOIRE

Je commençais à voir un peu plus loin que la forêt primitive où je suis resté si longtemps enfermé. L'Afrique d'où je venais et qui est votre mère à tous s'était éloignée pour un temps hors de l'histoire en train de se faire. Je savais bien que se cachaient quelque part, vers le soleil levant, des régions fabuleuses où régnait, on ne savait pas, un froid meurtrier ou une chaleur accablante et où vivaient des Barbares. Toute une partie du monde n'allait entrer que plus tard dans le cercle enchanté du savoir en train de s'édifier à la façon d'une forteresse sur les côtes de l'Ionie et dans le sud de l'Italie. Les Perses, en revanche, nous les connaissions bien : avec les Thraces, les Scythes et quelques autres Barbares aux noms imprononçables qui étaient souvent blonds ou roux, ils étaient les ennemis. Ils étaient nombreux, riches et puissants. Ce qui faisait, à nous, les Grecs, notre force en face d'eux, c'était la mathématique, la géométrie et l'art de la parole que nous avions poussés assez loin à l'aide de cette puissance mystérieuse que vous avez déjà découverte en Égypte et qui sortait à peine de la petite enfance : l'écriture.

Longtemps, du côté de l'Euphrate, à Sumer, en Méso-potamie, l'écriture avait servi surtout à la comptabilité des biens agricoles ou commerciaux, du bétail, des mois-sons, des salaires, des marchandises. Sous forme non plus de cunéiformes, mais de hiéroglyphes, elle s'était répandue en Égypte bien avant Ramsès II et elle n'avait pas peu contribué au développement formidable du pays et à sa puissance économique et militaire. Les Juifs aussi avaient très vite adopté l'écriture – en araméen ou en hébreu – pour des motifs religieux. Et puis ce système de notation des paroles et des quantités mathématiques s'était imposé aux Grecs aventureux et doués de la côte ionienne et de la Grande-Grèce, en Italie du Sud. Au début du deuxième millénaire, l'écriture en est encore à ses balbutiements. Mille ans plus tard, à l'époque de Ramsès II, de Moïse, de la guerre de Troie, l'écriture est encore toute récente. L'*Iliade* d'Homère date d'à peu près quatre cents ans après la chute de Troie. Elle est encore récitée plutôt qu'écrite et, tout au long des siècles suivants, elle est apprise par cœur par les écoliers et familière, sinon au grand public, du moins à ceux qui jouent un rôle dans la vie politique et sociale. Trois cents ans après Homère, à l'époque de Périclès et de Sophocle, l'écriture est largement répandue, mais Platon nourrit encore des réserves devant son pouvoir exorbi-tant, néfaste pour la mémoire.

Ce qu'il y a de plus beau chez moi – en art, en amour, dans la vie… –, c'est l'origine et les débuts. Vers le vie et le ve siècle avant votre ère, j'ai dû courir un peu par-tout : aux Indes, en Chine, en Grèce. C'est une grande période pour moi. Comme un nœud dans ma carrière.

Vous vous éveillez un peu partout. Confucius et Lao-tseu, l'auteur de *Tao-tö-king*, le *Livre de la Voie et de la Vérité*, le fondateur du taoïsme, en Chine ; Siddhartha Gautama, qui deviendra le Bouddha, un de mes avatars les plus chers et les plus puissants, aux Indes ; la révolution de la pensée en Méditerranée orientale. J'ai beaucoup aimé les Grecs et leur langue. Ce que j'ai préféré, ce sont les écoles de géométrie et de mathématique qui fleurissent un peu partout chez eux deux cents ans après Homère, une centaine d'années avant les triomphes d'Athènes.

Là et maintenant, sous le nom d'histoire universelle, je prends un tournant décisif. Le monde moderne surgit avec éclat d'une sorte de brouillard métaphysique où les déesses et les dieux ont pris la place des esprits et des forces magiques de ma petite enfance forestière et sauvage.

La philosophie n'existe pas encore. Personne à cette époque n'aurait eu l'idée saugrenue de se prétendre philosophe. La philosophie n'était pas une profession. Ce qui commençait à attirer les jeunes gens, c'était la géométrie et la mathématique. D'Anaximène à Anaxagore apparaissent beaucoup de grands noms que les siècles n'ont pas effacés. J'ai travaillé longtemps avec un des plus brillants d'entre eux : Thalès de Milet. Milet, Didymes, Priène étaient des villes célèbres sur la côte turque d'aujourd'hui. Avant Euclide et Archimède, Thalès est un des pères de la mathématique et de la physique modernes. Il est aussi un des ancêtres de la philosophie qu'allaient illustrer deux chefs d'école parallèles et rivaux : Héraclite et Parménide.

Avec Héraclite à Éphèse et Parménide en Grande-

Grèce, l'oiseau de Minerve, sa chouette, son hibou – la philosophie –, prend son envol sur le monde. Pour Héraclite, tout passe, tout change, rien ne dure. On ne se baigne jamais deux fois dans le même fleuve. L'univers n'est qu'une succession d'illusions éphémères. Pour Parménide, c'est le contraire. Le monde est solide et dense. Un mot le résume : l'être. L'être est, un point c'est tout. Beaucoup s'imaginent qu'il peut y avoir un néant, du non-être. C'est une erreur. L'être est. Le non-être n'est pas et il ne faut même pas en parler. Toute l'histoire de la philosophie à venir sort de l'opposition entre Héraclite et Parménide. Platon et Spinoza seront du côté de Parménide et de sa substance infinie et éternelle. Hegel et Marx seront du côté d'Héraclite. Ils reconnaîtront en lui le maître de la dialectique.

J'avais fait du chemin depuis mes origines africaines. J'avais connu beaucoup de monde. J'étais jeune encore. Je n'étais plus un enfant. Tout m'amusait : je m'amusais moi-même. Une occupation nouvelle était entrée dans ma vie : je me mettais à lire. Sinon déjà à Athènes, du moins un peu plus tard, à Rome et à Byzance, je lisais Platon, Sophocle, Hérodote, Thucydide.

Je les ai connus. Je peux vous l'assurer : ils ont existé. Ce ne sont pas des inventions de savants fous ou de poètes exaltés. Le talent, le génie se promenaient à l'ombre de l'Acropole : Athènes était alors le centre et la gloire du monde connu.

Un matin d'été, sous la forme d'un jeune éphèbe d'assez bonne mine je crois, j'étais allé prendre le frais au bord de l'Ilissos, rivière plutôt charmante qui arrosait Athènes. Étaient debout en train de causer trois personnages déjà célèbres que je reconnus aussitôt : c'était Socrate, entouré de deux de ses disciples, Platon et le tout jeune Alcibiade, toujours fringant et élégant comme d'habitude dans une robe pourpre. Platon posait avec précaution son pied dans l'eau fraîche de l'Ilissos.

— Jeune homme, me dit Socrate avec bonté en se tournant vers moi, veux-tu te joindre à nous ? Es-tu ami de la vertu ?

— Assurément, Socrate.

— Tu n'es pas de ces sophistes qui prêchent avec assurance la première thèse venue et le contraire de cette thèse ?

— Certainement pas, Socrate.

— Alors viens parler avec nous de la beauté et du bien.

Socrate était très laid. Il était le fils d'une sage-femme et se prétendait accoucheur des esprits comme sa mère accouchait les épouses. Il commençait à être très connu à Athènes où beaucoup l'admiraient et l'aimaient et où beaucoup ne l'aimaient pas. Ce sont ses ennemis qui, peu de temps après notre rencontre sur les bords de l'Ilissos, allaient avoir sa peau et le condamner à mort pour avoir dépravé les jeunes gens. J'ai assisté à son dernier jour aux côtés de Platon alors qu'il buvait avec courage et presque avec gaieté, car il obéissait aux lois, la coupe de ciguë qui lui avait été apportée avec respect par son gardien.

Personne avant Jésus et Mahomet n'a exercé autant d'influence sur autant de générations. Le plus remarquable est que Socrate – pas plus que Jésus ou Mahomet – n'a jamais écrit une seule ligne. Mais ses conversations et son enseignement ont été rapportés et transmis par beaucoup, et surtout par Platon, le disciple bien-aimé. Platon croyait comme Socrate à un autre monde que le nôtre, où il ne voyait que simulacres, et à l'immortalité de l'âme.

Platon appartenait à une vieille famille aristocratique d'Athènes. Il était aussi beau que Socrate était vilain. Sa vie, qui m'était familière, n'avait pas manqué d'aventures ébouriffantes. Il aimait la politique. Les Grecs avaient fondé des colonies, pour la plupart prospères, tout autour d'une Méditerranée dominée par leur flotte. Platon s'était attaché à un prince de Syracuse, en Sicile, dont il s'était efforcé de faire un roi-philosophe. En vain. La déception avait vite succédé à l'enthousiasme. Et Platon s'était embarqué sur un bateau pour regagner Athènes. Mais, sur la voie du retour, son navire avait été attaqué et saisi par des pirates. Longtemps, à des époques différentes, les pirates ont été nombreux et redoutables en Méditerranée. Fait prisonnier, l'auteur du *Banquet* et de *La République* est vendu comme esclave. Il est racheté par un mécène qui paie sa rançon et le rend à son destin de premier des grands philosophes de l'histoire. De retour à Athènes, il fonde une sorte de collège ou d'université à l'usage des jeunes gens : l'Académie.

Quelle époque ! Pendant deux cents ans, la Grèce est la boussole et le nombril du monde. Je ne savais plus où donner de la tête. J'aurais aimé terminer là ma carrière, entre Eschyle et Aristophane, entre Phidias et Thucydide. Mais il fallait bien continuer. Si quelqu'un a jamais été soumis au temps, c'est bien moi. Au moins tant qu'il y aura des hommes, l'histoire ne s'arrêtera jamais. Je n'en finissais pas de me passer le flambeau à moi-même. C'étaient les vingt ans de mon âge. C'était le printemps de l'histoire.

N'allez pas imaginer que le temps de Périclès n'est qu'une suite de bonheurs. Ah ! bien sûr, j'apercevais au pied de cette colline de l'Acropole qui allait devenir célèbre dans les siècles des siècles Périclès entouré de Phidias, de Sophocle, d'Hérodote, de Platon. Mais c'était aussi l'époque où la peste et la guerre se jettent sur les Grecs qui passent leur temps à mourir. Dans ces grands malheurs, la vie de l'esprit triomphe.

Je n'ai pas connu Aristote. J'étais fidèle à Platon. Platon et Aristote ont l'un et l'autre du génie. Platon est un rêveur. Aristote est un minutieux. Platon est une élévation. Aristote est un système. Platon cultive les idées éternelles. Aristote explore et quadrille l'univers. Platon annonce déjà, de loin, l'immortalité des chrétiens, les cathédrales du Moyen Âge, peut-être, c'est un peu osé, Rousseau, Chateaubriand et le romantisme avec ses illusions et ses rêves. Aristote est le modèle et l'ancêtre de toute une série de penseurs orientaux et arabes qui sauvegardent sa mémoire et font connaître son œuvre à un Occident oublieux ; l'ancêtre de Thomas d'Aquin qui tente de le réconcilier avec Platon mais aussi avec les Évangiles ; l'ancêtre des Lumières et de la science moderne qui le contestent et le rejettent, l'imitent et le dépassent. Un célèbre tableau de Raphaël au Vatican, *L'École d'Athènes*, les représente tous les deux. Platon lève un doigt vers le ciel. Aristote tourne sa main vers la terre.

Héros malheureux d'une aventure risquée dans la

Sicile grecque, engagé dans la vie sociale de son temps, Platon aime la politique autant que l'amour, la beauté et la mathématique. Aristote joue un rôle décisif non seulement dans la pensée politique mais même au cœur de mon parcours : il est le maître d'Alexandre le Grand.

J'AI PLEURÉ À SA MORT

Moïse, Homère, Eschyle, Sophocle, Platon, Aristote avaient du génie. Alexandre, c'est autre chose. C'est un demi-dieu. C'est en tout cas – avec Bouddha, Jésus et Mahomet – le premier des acteurs de l'histoire universelle. Sous le nom de Démétrios, je m'occupais de ses chevaux. Comme des millions de Grecs, de Perses, d'Égyptiens, comme des millions d'hommes et de femmes attachés à son nom au cours des siècles à venir, j'ai pleuré à sa mort.

Alexandre avait de la chance. Il n'était pas parti de rien. Il était fils d'un roi. Philippe était roi de Macédoine. Située au nord de la Grèce, la Macédoine était un pays de deuxième rang au regard de l'Égypte, de la Perse, de la Grèce elle-même à qui l'unissaient des liens de parenté et de rivalité et que Philippe avait réussi à asservir. Alexandre ne se contentera pas d'être un fils de roi. Il laissera courir des rumeurs qui faisaient de lui le fruit de l'union de sa mère Olympias avec un dieu – peut-être Zeus en personne. Le jour même de sa naissance à Pella, capitale de la Macédoine, un illuminé du nom d'Érostrate, désireux de laisser un souvenir à la postérité, met le feu au temple d'Artémis à Éphèse et le détruit. Une lettre, peut-être légendaire mais célèbre, de Philippe à Aristote donne une idée du comportement des grands esprits et en dit long sur les sentiments d'un homme de pouvoir digne de ce nom pour un grand professeur.

> Philippe à Aristote, salut. Je t'apprends qu'il m'est né un fils et je remercie les dieux non pas tant de me l'avoir donné que de l'avoir fait naître au temps d'Aristote.

Tout le monde sait tout de la vie d'Alexandre. Diogène et son soleil, la prédiction de la pythie de Delphes, le passage de l'Hellespont, le nœud gordien tranché, le tombeau d'Achille couronné de fleurs – « Ô heureux Achille d'avoir trouvé pendant ta vie un ami comme Patrocle et, après ta mort, un chantre comme Homère ! » –, les batailles le long des fleuves, les victoires au pas de charge avec quatre mille cavaliers et trente mille fantassins, en face des hordes perses, le temple d'Amon en Égypte où il se fait adouber sous le nom d'Iskandar, les villes qui surgissent sous ses pas dans les forêts ou dans le désert : Alexandrie, Alexandrie, Alexandrie – et Alexandrie d'Égypte appelée à détrôner Tyr qui lui avait résisté –, les mariages successifs avec la fille de Darius, puis avec Roxane, fille du satrape de Bactriane, l'arrivée sur les bords de l'Indus et le refus de ses soldats de poursuivre vers l'inconnu et vers le Gange.

La limite est un problème philosophique auquel se heurtent tous les hommes. Alexandre repousse plus vite et plus loin que personne les bornes de l'histoire. Ce qu'il aime, c'est aller plus loin. Quand Darius en difficulté propose à Alexandre de partager l'Empire perse avec lui, le fidèle Parménion s'écrie :

— J'accepterais, par Zeus, si j'étais Alexandre !

Alexandre réplique :

— Moi aussi, par Zeus, si j'étais Parménion !

Le vainqueur de Darius atteint sur l'Indus le mur qui borne son destin. Je connais quelques-uns d'entre vous qui meurent à quatre-vingt-dix-sept ans ou cent deux ou cent trois ans sans avoir fait grand-chose. Il meurt à Babylone à trente-trois ans après avoir conquis, unifié et pacifié une bonne partie du monde connu.

Alexandre est le premier conquérant de l'histoire. Il n'est pas un saint. Il est capable de pardon et implacable, magnanime et cruel. Beaucoup de villes assiégées se rendent à lui sans coup férir tant sa réputation est immense. Celles qui lui résistent sont traitées avec dureté. En Grèce même, Thèbes, qui s'était révoltée contre son pouvoir, est détruite. Six mille Thébains sont massacrés et trente mille réduits en esclavage. Tyr, une des rares villes du Moyen-Orient à lui avoir tenu tête, n'est pas mieux traitée. Mais des fidèles d'Amon au grand prêtre de Jérusalem et à l'entourage de Darius lui-même, il respecte les cultes, les traditions locales, les différentes communautés et, le premier de l'histoire à pareille échelle, il favorise la réconciliation entre les anciens adversaires et le rapprochement des peuples.

Ses soldats l'adoraient. Sous l'emprise de l'alcool ou de la colère, il tuait ses amis. Il m'avait pris en amitié. Je me souviens d'un soir où, après une bataille – et une victoire bien entendu –, il avait reçu une lettre de sa mère. L'habitude, en ces temps-là, était de lire à haute voix. Au milieu de sénateurs romains, César avait reçu un message. Il l'avait lu en silence. Caton d'Utique, qui lui était hostile, protesta et demanda qu'il le lût à haute voix.

— Tu l'exiges ? demanda César.

— Je le souhaite, dit Caton.

César lut la lettre. C'était une déclaration d'amour de la femme de Caton. Saint Augustin jeune lisait encore à haute voix. Il s'étonna de voir son maître, saint Ambroise, lire un texte sacré sans remuer les lèvres. Alexandre lut la lettre de sa mère en silence. Puis il me la tendit en mettant un doigt sur sa bouche.

— Tu peux la lire. Mais à voix basse. Et tu n'as pas le droit d'en parler.

Comme tous autour de lui, je serais mort avec bonheur s'il me l'avait demandé. D'ailleurs, il me tua dans un accès de fureur.

Lorsque Jules César atteint ses trente-trois ans, il verse des larmes amères. À cet âge, Alexandre était déjà mort et lui, César, n'est encore que questeur et édile curule à Rome. Alexandre m'avait maltraité. Il s'en repentit très vite. J'étais devenu médecin à Babylone. Et je le pleurai comme tout le monde.

DIEU ET CÉSAR

Tantôt homme, tantôt femme, je suis, vous l'avez déjà deviné, je suis l'espèce humaine et son histoire dans le temps. Ma voix n'est pas ma voix, c'est la voix de chacun, la voix des milliers, des millions, des milliards de créatures qui, par un miracle sans nom, sont passées par cette vie. Je suis partout. Et je ne peux pas être partout. Je vole d'époque en époque, je procède par sondages, je livre mes souvenirs. Je parle de Ramsès II, de Moïse, d'Homère, de Platon et d'Aristote, d'Alexandre le Grand parce qu'ils tiennent une place considérable dans ce que vous êtes devenus. Impossible de ne pas faire avec eux quelques pas dans le passé. Je suis aussi les voix innombrables et muettes de ces hommes et de ces femmes sans nom qui sont tombés dans la vie par hasard, sans le vouloir, avec stupeur et dans le noir, avant de disparaître. À jamais ? Qui le sait ?

Rome, sa République, son Empire succèdent presque aussitôt à la première tentative d'empire universel entreprise par Alexandre. Il y a, bien entendu, d'autres empires que l'Empire romain. L'Égypte était un empire. La Mésopotamie ou la Perse ont été des empires. À peu près à l'époque de Jules César et d'Auguste, la Chine surtout est un empire dont le fondateur a laissé derrière lui non seulement le grand nom d'un tyran qui aimait brûler les livres et notamment les miens, mais aussi les premières pierres de la Grande Muraille contre les invasions mongoles et surtout une célèbre armée de soldats d'argile, chargés de veiller sur son repos : Ts'in Che Houang-ti.

Les empires ne sont pas seuls à façonner mon image. Des villes puissantes et riches ont joué un grand rôle dans l'histoire des hommes : Jérusalem, Tyr, Samarkand, Carthage, Alexandrie, Bagdad, Ispahan, Venise, Florence, Paris, New York, tant d'autres. Rome surtout. L'imagination de la vie est invraisemblable. Pendant une dizaine de siècles, sous des formes diverses et des régimes successifs, l'histoire de Rome se confond avec l'histoire universelle. L'Empire romain lui-même s'étend sur plus de quatre siècles et fournit aux générations à venir un exemple et un modèle.

Que se passe-t-il sous les douze premiers Césars – César, Auguste, Tibère, Caligula, Claude, Néron, Galba, Othon, Vitellius, Vespasien, Titus, Domitien – qui nous offrent les visages de trois génies, de quelques monstres et de pas mal de fripouilles dont nous parlent Tacite et Suétone ? Puis sous les Antonins – Trajan, Hadrien, Antonin le Pieux, Marc Aurèle… – qui constituent peut-être l'âge d'or de l'Empire romain ? Tant de choses grandes et belles, tant de choses affreuses et cruelles que même une bibliothèque entière serait incapable de les rapporter toutes.

Une foule d'images plus célèbres les unes que les

autres traînent dans toutes les mémoires. Le viol de Lucrèce par Sextus, le fils de Tarquin le Superbe ; la chute de la royauté ; l'instauration de la République ; les oies du Capitole ; la grande guerre contre Carthage ; Caton l'Ancien, l'adversaire des Scipions, des mœurs grecques et de Carthage : « *Delenda est Carthago !* » ; Marius et Sylla ; les victoires de César sur Pompée à Pharsale et d'Octave, le futur Auguste, sur Antoine à Actium ; la figure radieuse et tragique de Cléopâtre, aimée successivement par César, dont elle a un fils, Césarion, puis par Antoine qui l'épouse, et dont le suicide marque le passage de l'Égypte alexandrine et grecque à l'Égypte romaine et byzantine ; Horace, Virgile, Ovide, Lucrèce, Tacite, Suétone et les autres ; les folies de Caligula, de Néron, d'Héliogabale ; la noblesse et la grandeur de Trajan, d'Hadrien, de Marc Aurèle. Pendant plus de mille ans, de la chute de l'Empire à votre Révolution et à l'empereur Napoléon, et au-delà, la puissance et la splendeur de Rome hantent la mémoire et l'imagination de vos hommes politiques, de vos poètes, de vos historiens et de vos cinéastes. Si j'ai jamais pris un visage parmi tant d'autres, c'est celui du Capitole, du Forum et du Colisée romains. Comme Louxor et Karnak, comme l'Acropole d'Athènes, comme les mosquées de Damas ou d'Ispahan, comme l'Alhambra de Grenade, comme Bagdad disparue, comme Florence, Venise, Versailles, ils sont la marque de ma splendeur et de ma puissance.

L'ordre, la sécurité, une forme de paix imposée règnent tout autour de la Méditerranée. Le commerce, les lettres, la civilisation progressent. Et la violence est inséparable de cette civilisation et de ce progrès. Avec sa brièveté coutumière, Tacite résume les réserves qui peuvent se mêler à l'admiration :

Ubi solitudinem faciunt, pacem appellant.
Où ils ont fait un désert, ils disent qu'ils ont fait la paix.

À l'éclat de la haute époque où tout réussit succèdent les temps difficiles et souvent pathétiques de la décadence et de l'écroulement où tout échoue et où brillent pourtant encore les noms d'un Aurélien, d'un Dioclétien, d'un Constantin, d'un Théodose ou la figure romantique de Galla Placidia, fille, sœur, femme, mère d'empereurs et épouse, au passage, d'Athaulf, le Wisigoth, successeur d'Alaric, le fossoyeur de Rome. Ce ne sont qu'intrigues, folles espérances, échecs, retournements. La fin de l'Empire romain est une comédie sinistre, une tragédie loufoque où tous les acteurs se tuent les uns les autres et où, souvent usurpée, la pourpre impériale n'est plus que la promesse d'une mort violente. Les échecs sont contagieux et cumulatifs comme les succès. Rien ne parvient à me détourner de ma route qui semble tracée d'avance, à freiner la décadence inéluctable. Après avoir entraîné derrière moi tant de force et de grandeur, voilà que je m'avance suivi d'un fantôme blafard destiné à devenir jusqu'à vous un mythe qui répand la terreur : le déclin. En six ou sept siècles, autour de la Méditerranée, un monde entier se forge, s'élève, triomphe, s'effondre et disparaît, laissant derrière lui un éclatant sillage de vertus et de crimes.

Nous devons tout à la Grèce et à Rome. Et pourtant, tout au long de ces siècles de puissance et de gloire, un seul événement, le plus inaperçu d'abord et le plus décisif sans doute de l'histoire des hommes, s'inscrit soudain dans l'espace et le temps : un enfant naît sous le règne d'Auguste.

Nous savons presque tout de Platon, d'Alexandre le Grand, de César ou d'Auguste. Nous ne savons presque rien de Jésus. Sa naissance à Bethléem, la fuite en Égypte, un pan de son enfance jusqu'à douze ans. Rien pendant dix-huit ans. Et trois ans d'enseignement avant le Calvaire et la Crucifixion. Au point que son existence même a pu être mise en doute. Il semble aujourd'hui qu'un accord se soit fait sur sa réalité historique.

Cinq cents ans avant le Christ, à l'époque de la naissance de la géométrie et de la philosophie, l'histoire universelle, vous le savez déjà, connaît un bouleversement, une sorte d'élan et de nœud : Socrate en Grèce, le Bouddha en Inde, Confucius en Chine. Beaucoup ont imaginé, mais, là encore, personne n'en sait rien, que Jésus a voyagé en Orient et en Inde. Ce qui est sûr, c'est que quatre récits rédigés par quatre disciples – Matthieu, Marc, Luc, Jean – et connus sous le nom d'Évangiles rapportent ses paroles et son action dans les trois dernières années de sa vie et qu'il trouve la mort sous un procurateur de Judée du nom de Ponce Pilate.

Jésus est le révolutionnaire le plus radical que j'aie jamais connu. Il est permis de soutenir que le christianisme constitue la révolution la plus ambitieuse et peut-être la plus réussie de tous les temps. À une époque partagée entre citoyens libres et esclaves, où les puissants ont tous les droits et les plus pauvres aucun et où les femmes sont soumises à la volonté des hommes, Jésus prêche la dignité des pauvres, l'égalité entre tous les hommes, l'émancipation des femmes. Autant peut-être que Jean, son disciple préféré, il aime Marie-Madeleine, une ancienne prostituée. Dans ce monde impérial et romain si fortement hiérarchisé où seule compte la puissance, il lance une idée folle : il faut aimer les autres, il faut aimer jusqu'à ses ennemis. Jésus est avec évidence l'annonciateur et l'ancêtre du socialisme. Il a changé plus que personne l'image du monde à venir.

J'ai aimé Platon. J'ai aimé Alexandre. J'ai surtout aimé Jésus. C'est moi qui agite des palmes sur son passage, c'est moi qui grimpe dans le figuier pour apercevoir son visage, c'est moi encore qui lui apporte l'eau qu'il va changer en vin. Je suis aussi le jeune homme riche qui s'éloigne de lui avec tristesse pour n'avoir pas su renoncer à sa famille et à ses biens. Les millions d'hommes et de femmes qui allaient mettre leurs pas dans les siens et bénir son saint nom, c'était moi. Les quelques milliers qui acceptaient et réclamaient de mourir pour le confesser, c'était moi.

L'histoire prend souvent des chemins détournés pour parvenir à son but. Dieu se sert de lignes courbes pour écrire très droit. Ce ne sont pas les empereurs, ce ne sont pas les puissants de ce monde, ce ne sont pas les riches dont Jésus ne dit pas de bien qui font triompher le christianisme. Ce sont les pauvres, les esclaves, les femmes – et les Barbares.

Dans son grand livre sur le déclin et la chute de l'Empire romain, dont l'idée lui était venue en voyant, du haut du Capitole, une procession de moines traverser l'antique Forum romain, l'historien anglais Gibbon – qui, par une drôlerie de l'histoire, avait été fiancé à la mère de Germaine de Staël – s'écriait : « Je chante la victoire des Barbares et de la religion. » Rien de plus exact. Les vieux Romains, fidèles à leurs dieux du Panthéon, ont été balayés par les Barbares qui, à la seule exception des Huns, étaient tous chrétiens.

Convertis par un missionnaire célèbre du nom de Wulfila, qu'on appelait « l'évêque des Goths », les Barbares étaient chrétiens – mais ariens. Soucieux de préserver un monothéisme qu'il jugeait menacé par le dogme de la Trinité, condamné pour hérésie par plusieurs conciles successifs et par l'empereur Constantin converti au catholicisme, Arius professait que le Christ, fils de Dieu, était inférieur à Dieu le Père. Plusieurs historiens des religions assurent que, largement répandu en Orient, le monothéisme rigoureux d'Arius a préparé les cœurs et ouvert la voie aux succès foudroyants de l'islam.

La prise et le sac de Rome par les Wisigoths d'Alaric constituent un événement formidable dont la nouvelle se répand aussitôt dans le monde entier et frappe les esprits de stupeur et de terreur. Déplorant la catastrophe dans son livre *La Cité de Dieu*, saint Augustin trouve une consolation à son chagrin dans le christianisme des envahisseurs. Le désastre, soutient-il, aurait été plus cruel encore s'ils n'avaient pas été chrétiens. Pour que le christianisme triomphe, il fallait passer par l'écroulement de ses persécuteurs et par le fameux cri qui symbolise la fin du monde antique : « Le grand Pan est mort ! »

Le grand Pan, avant de mourir, s'est battu avec courage, avec l'énergie du désespoir. Beaucoup de vieux Romains attachés à la religion de leurs ancêtres ont tenté de la faire survivre. Des hommes d'État comme Symmaque, l'adversaire de saint Ambroise, des poètes oubliés comme Rutilius Namatianus. Déchaîné contre les chrétiens, Rutilius Namatianus va jusqu'à étendre sa haine du christianisme à la religion des Juifs avec un argument intéressant : il la traite de *radix stultitiae*, « racine de la sottise ». D'autres poètes, en revanche – Sidoine Apollinaire, évêque de Clermont, ou le Bordelais Ausone –, chantent la grandeur du christianisme.

Au sommet du pouvoir, le débat entre le grand Pan du passé et le Christ de l'avenir est représenté avec éclat par l'opposition entre Constantin le Grand et Julien l'Apostat. Après pas mal de crimes qui lui assurent le pouvoir, Constantin se convertit au christianisme et réunit à Nicée le premier des grands conciles œcuméniques. Élevé dans la religion catholique, Julien, neveu de Constantin, revient à la religion de ses ancêtres – et c'est lui que, par un joli paradoxe, le christianisme triomphant va traiter d'apostat alors que l'apostat, après tout, c'est plutôt Constantin qui rompt avec la tradition. Constantin et Julien sont encore de grands empereurs romains installés à Byzance – qui devra son nom nouveau et glorieux à Constantin le Grand. Ils méritent l'un et l'autre, et ils les ont d'ailleurs obtenus, une foule de travaux et de livres.

Moi, je ne suffis plus à la tâche. Je suis débordée par mon propre destin. Je vois naître et croître, décliner et mourir les conquérants et les empereurs. Je m'attache aux uns, je m'attache aux autres. Les passions, les idées, les aventures les plus folles surgissent d'un peu partout. Je dois presser le mouvement, je dois courir la poste. Avec deux hommes surtout je me suis liée plus qu'avec les autres : un Barbare et un Byzantin. Ils incarnent mieux que personne ce que j'appellerai l'Antiquité tardive, qui ouvre la voie au haut Moyen Âge.

Le Barbare est Théodoric, roi des Ostrogoths. Élevé à la cour de Byzance où il était retenu à titre d'otage, d'une intelligence très vive, imprégné de culture grécolatine, couvert d'honneurs officiels, il est choisi par l'empereur pour aller libérer Ravenne occupée par Odoacre.

Odoacre est ce chef barbare, roi des Hérules, qui a déposé le malheureux Romulus Augustulus, dernier empereur d'Occident. Il a pris sa suite et a fait sa capitale de la ville de Ravenne. Une lutte sans merci s'engage entre les deux Barbares, le roi des Hérules, successeur des empereurs romains, et le roi des Ostrogoths, soutenu par l'empereur byzantin.

La bataille, comme d'habitude, est longtemps indécise. Une trêve s'impose. Puis une paix. Et enfin une réconciliation. Avec l'accord d'Odoacre, Théodoric organise un banquet fraternel dont je parle souvent sous le nom de banquet de Ravenne. Des centaines de Barbares, des milliers peut-être, avec leurs capitaines et leurs généraux, avec leurs deux rois ennemis devenus soudain amis, s'installent pour se rassasier, boire et chanter dans un ordre symbolique : un Ostrogoth, un Hérule, un Ostrogoth, un Hérule… Odoacre et Théodoric sont assis l'un auprès de l'autre. On boit beaucoup à la paix et à la réconciliation entre les peuples. Soudain, Théodoric se lève, une coupe à la main. Des trompettes éclatent. Et chaque Ostrogoth plonge son poignard dans le cœur de son voisin hérule. J'étais, vous pensez bien, parmi les Ostrogoths. Je me trompai, comme d'habitude, et je poignardai mon voisin de gauche qui fut tué deux fois. L'Hérule à ma droite fut le seul survivant du banquet de Ravenne. Il devint mon ami.

Théodoric fut un souverain très puissant. Toute l'Italie lui fut soumise et son royaume s'étendait de Marseille et de la Provence jusqu'à la Sicile et à la côte dalmate. Il s'entoura de Romains remarquables, héritiers de la vieille culture gréco-latine et qui mériteraient chacun une attention soutenue : un Cassiodore ou un Boèce. J'admirais surtout Boèce pour qui j'avais respect et affection.

Dans la lignée d'Alexandre, en plus modeste, Théodoric est un grand homme, un de ceux qui m'ont marquée d'une empreinte indélébile. Il est d'une violence, d'une ingratitude, d'une cruauté extrêmes. Il condamne à mort le fidèle Boèce, accusé à tort de trahison et de complot, et le fait exécuter de façon atroce : la tête entourée d'un anneau de fer peu à peu resserré. Boèce a encore le temps d'écrire dans sa prison un livre qui n'est pas oublié : *De la consolation de la philosophie*. Dans la cellule de Boèce, j'ai détesté Théodoric autant que je l'ai aimé.

Comme Alexandre, comme Bonaparte, ses peuples l'adoraient. Une légende dorée se crée autour de lui. Sa réputation s'étend loin autour de l'Italie. Au nord, au-delà des Alpes, des populations de langue allemande le baptisent *Dietrich von Bern*. Bien après Wotan, bien avant Frédéric Barberousse, Dietrich von Bern nourrira tout un cycle de contes et légendes germaniques. *Dietrich* traduit *Théodoric*, et *Bern* – le *B* et le *V* sont deux consonnes très proches –, c'est *Vérone*.

Théodoric a laissé une marque très forte partout où il est passé. Vérone, la ville de la piazza delle Erbe, de la piazza dei Signori, de Roméo et Juliette, est aussi la ville de Théodoric. Au nom de l'espèce humaine, qui est la vôtre autant que la mienne, allez donc à Vérone. Vous y prendrez un repas de rêve aux *Dodici Apostoli*, vous irez voir les portes de bronze de l'église San Zeno, vous admirerez dans l'église Sant'Anastasia le tableau de Pisanello – *Saint Georges délivrant la princesse de Trébizonde* – où brille la croupe d'un cheval blanc. Et vous vous promènerez sur le Ponte Pietra où flotte encore, au-dessus de l'Adige, le souvenir de Dietrich von Bern.

C'est à Ravenne surtout que Théodoric imprime sa trace. Non loin du mausolée de Galla Placidia s'élève son propre tombeau, témoignage éclatant de sa grandeur féroce.

Un an à peine après la mort de Théodoric, Justinien monte sur le trône de Byzance. Et aux côtés de l'empereur, et peut-être plus encore et mieux que lui, sa femme, Théodora. À eux deux, ils illustrent comme personne les efforts désespérés et plutôt réussis pour sauver ce qui peut être sauvé du désastre romain.

Lui, le Byzantin, est un combattant, un juriste, un fondateur. Aidé de généraux qui ont laissé un nom dans mon existence compliquée – Bélisaire ou Narsès, successeurs d'Aétius, le vainqueur d'Attila aux champs Catalauniques du temps de Théodoric Ier et de Galla Placidia, qui aurait pu jouer un grand rôle si, comme tout le monde à son époque, il n'avait pas été assassiné –, il défend avec succès son empire contre les Barbares. Il reconquiert Ravenne et l'Italie entière sur les Ostrogoths de Théodoric qui voulaient à leur tour, après les Hérules, goûter à l'indépendance. Il tient tête aux Perses. Il écrit ou fait écrire des codes et des digestes que, près d'un millénaire et demi plus tard, un très jeune empereur français récitera encore de mémoire à des sénateurs courtisans, silencieux et éblouis. Au cœur de sa capitale, Constantinople, il fonde la cathédrale Sainte-Sophie, destinée, mille ans plus tard, à être changée en mosquée.

Elle, Théodora, est une femme inoubliable, adulée et haïe. L'ancêtre brillante et lointaine de Lucrèce Borgia, de George Sand, femme libre qui fume le cigare et se conduit comme un homme, de Valtesse de La Bigne qui sert de modèle à la Nana d'Émile Zola, de Liane de Pougy, dont Proust va s'inspirer pour son portrait d'Odette, plus haut, beaucoup plus haut, de Lou Andreas-Salomé qui prendra dans ses rets, coup sur coup, Nietzsche, Rilke et Freud. Fille d'un gardien d'ours, de lions, d'éléphants, Théodora passe sans trop de peine du statut de prostituée au trône d'impératrice. Il y a un siècle ou un siècle et demi, au temps d'Offenbach ou de la Belle Époque, les arrière-grands-parents de vos arrière-grands-parents chantaient encore avec bonheur l'air, alors célèbre, d'une opérette de Victorien Sardou :

> *Sur les places publiques*
> *Quand tu rôdais le soir,*
> *À l'ombre des portiques*
> *Chacun a pu t'avoir.*
>
> *Ah ! Ah ! Théodora !*
>
> *Alors, beauté fatale,*
> *Tu valais un sou d'or.*
> *Que l'empereur détale,*
> *Tu vaudras moins encor.*
>
> *Ah ! Ah ! Théodora !*

Byzance, en ces temps-là, nourrit une passion plus forte que la religion, que l'État, que l'amour, que l'ambition : les courses de chars et de chevaux ont succédé aux combats de gladiateurs et annoncent, trait pour trait, la passion d'aujourd'hui pour les matchs de football. Les aficionados de Byzance sont divisés en deux groupes rivaux qui vont jusqu'à l'hostilité, ou plutôt jusqu'à la haine : les Verts et les Bleus. Des considérations politiques, sociales, économiques et religieuses se mêlent à cette rivalité. Deux clans hostiles l'un à l'autre et que nous connaissons déjà – les catholiques et les ariens – pèsent sur les esprits agités des Bleus et des

Verts. La compétition sportive se change en désordre. Le désordre mène aux émeutes. Les émeutes dégénèrent en une contestation radicale du pouvoir impérial, connue dans l'histoire de Byzance sous le nom de sédition Nika. L'empereur cède à la panique. Il flanche. Il envisage de s'enfuir. Théodora se déchaîne. Comme Galla Placidia hier, comme la Grande Catherine demain, elle est l'image même du courage et de la volonté. L'ancienne prostituée devenue impératrice sauve l'empire de Justinien.

C'est à Ravenne, libérée par Justinien de l'occupation ostrogothe, qu'il faut aller chercher les dernières traces de la grandeur romaine émigrée à Byzance. Ravenne est une ville à l'aspect sombre où flotte encore le spectre de son fameux banquet. Derrière cet abord peu engageant sont cachés des trésors qui illuminent la ville. Dante, qui y sera exilé et enterré, la célèbre à juste titre. À côté du mausolée de Galla Placidia et du tombeau de Théodoric qui vous sont déjà familiers, San Vital et les deux Sant'Apollinare chantent encore la gloire de Justinien et de Théodora, représentés dans tout leur éclat par une célèbre mosaïque.

Une centaine d'années après le règne de Justinien et de Théodora, dernier rayon d'un soleil qui s'éteint, la scène du monde change beaucoup. Le décor se transforme. Aix-la-Chapelle – Aachen –, la future capitale de Charlemagne, Lyon – Lugdunum –, Marseille – Massilia –, un peu plus tard Paris – Lutetia – prennent de l'importance. En Italie, Rome, elle, si longtemps capitale du monde civilisé, ne s'est pas relevée des sièges et des sacs qu'elle a subis en cascade – ces vagues successives de

Barbares plus ou moins romanisés, des Wisigoths d'Alaric, des Vandales de Genséric... La capitale de l'Empire et du monde avait compté au temps de sa splendeur quelque chose comme un million d'habitants. Il en reste peut-être trente mille. Rome n'est plus que la coquille vide de sa gloire évanouie.

Vérone, Milan, où saint Augustin reçoit le baptême des mains de saint Ambroise dont il suivait les cours, Bologne, capitale culturelle, siège d'une université aussi célèbre que la Sorbonne, première ville à pratiquer avec audace la dissection des cadavres, Crémone, Florence, Gênes et Amalfi, capitales maritimes, Venise, bien entendu, fondée par des réfugiés qui, attaqués par les Huns, fuyaient Aquileia, et promise à un avenir éclatant, beaucoup d'autres encore occupent en Italie la place laissée béante par le déclin de Rome. Je me brise en morceaux. Le Moyen Âge commence.

Éclairé par Charlemagne, fondateur de l'Europe, instruit par saint Anselme, par Albert le Grand, par Thomas d'Aquin, magnifié par la splendeur de ses monuments religieux, de ses églises romanes, de ses cathédrales gothiques, le Moyen Âge est une mosaïque de fragmentation, d'obscurité, de grandeur et de foi. Je me suis beaucoup promenée, sous les masques d'un bûcheron, d'un chevalier, d'une dame à hennin, dans cette tour de Babel, dans ces souvenirs en forme de puzzle, dans ce dédale d'espérances mêlées de nostalgie. J'ai de nouveau beaucoup marché. Dans la France en train de naître, dans les Allemagnes, dans ce qui restait de l'Italie, en Bourgogne et en Provence, chez ces Vikings qui se préparaient à conquérir une bonne partie du monde.

J'avais été fascinée, en leurs temps, par la géométrie naissante, les débuts de l'architecture, les temples et les statues, le théâtre inventé par les Grecs, par leurs idées et leurs passions. J'apprends à aimer la nature. Je retrouve les forêts de mon enfance sauvage. Elles sont devenues des jardins. Après le classicisme des Grecs et des Romains qui avaient conquis la Méditerranée, c'est-à-dire le cœur du monde d'alors, quelque chose s'apprête à naître, au loin, vers le nord, quelque chose de vague, d'un peu triste, de très gai, de mélancolique, de nostalgique et d'un peu fou, qui va, plus tard, devenir le romantisme.

Les Grecs et les Romains connaissaient, bien sûr, l'amour. Platon, encore lui, en parle mieux que personne. Socrate est amoureux d'Alcibiade et Hadrien d'Antinoüs. Et Zeus lui-même ne se prive pas, à la façon de Rama dans le panthéon indien, de courir après les mortelles et après les mortels. Mais enfin, jusqu'au Christ qui en fait la pierre angulaire de son enseignement, l'amour est moins important que la raison, la vertu, la beauté, la puissance ou la loi. Avec ce que vous avez appelé, chez vous, le Moyen Âge, l'amour fait une entrée remarquée sur la scène de l'histoire.

J'ai beaucoup aimé les contes et légendes qui se mettent pour longtemps à tourner autour de ce sentiment, plutôt étrange et tout nouveau, qu'est l'amour, toujours passionné et souvent interdit, entre les êtres humains. La matière de Bretagne, Tristan et Yseult. Chrétien de Troyes, Jaufré Rudel, Guillaume de Lorris, Jean de Meung, Wolfram von Eschenbach, Hartmann von Aue, Gottfried de Strasbourg, Walther von der Vogelweide. Troubadours, trouvères et Minnesänger. Tout au long des mille ans à venir, en France, en Allemagne, en Italie, en Espagne, en Angleterre, en Autriche, en Russie, bien d'autres noms surgiront avec plus de succès et de gloire. Mais ils étaient les premiers.

C'est à eux et à leurs descendants que je me suis attachée plutôt qu'à Clovis, à Charles Martel, à Pépin le Bref, aux rois et reines de France, d'Angleterre ou d'Espagne, aux empereurs et aux papes pourtant dignes d'attention. Autant et plus que les puissants de ce monde, j'ai aimé les poètes, les philosophes, les écrivains.

LES FRÈRES ENNEMIS

Cinq ans après la mort de Justinien, Mahomet naît à La Mecque. Ce qu'il y a de plus important entre la chute de Rome et l'invention de l'imprimerie ou la découverte de l'Amérique se passe ailleurs, loin de l'Angleterre, de la France, des Allemagnes, de l'Espagne, de Venise ou de la Sicile qui ne peuvent pas se douter de ce qui les attend avec la naissance et l'expansion de l'islam.

L'Arabie, en ces temps-là, est un pays refermé sur lui-même, divisé, partagé entre polythéisme et idolâtrie, dont les ressources principales sont le commerce et le pillage. L'Empire romain et la Perse n'ignorent pas son existence, mais ne s'y sont jamais établis. À la différence d'Alexandre, de César, de Galla Placidia, de Justinien, Mahomet ne sort pas d'une famille privilégiée et illustre. Son père est commerçant. Orphelin de bonne heure, il garde avec moi les troupeaux d'une riche veuve, Khadidja, qui, frappée par son intelligence et ses dons, finit par lui confier les caravanes qu'elle envoie en Syrie et par l'épouser. Elle a quinze ans de plus que lui qui en a une vingtaine et elle lui donne cinq enfants, quelques-uns disent sept, dont la plus célèbre est Fatima, à qui je racontais, pour l'endormir, des histoires dont elle raffolait. À la mort de Khadidja, il épouse successivement douze femmes. Autant que je me souvienne, il ne savait ni lire ni écrire.

Personne n'ignore rien de la vie de Mahomet qui se retire volontiers dans des cavernes solitaires pour méditer et qui devient assez vite un prophète et un homme de Dieu dont la réputation se répand autour de lui. Vers quarante ans, dans une de ces cavernes, l'ange Gabriel – Gibril – lui apparaît et lui dicte les volontés de Dieu que les Arabes appellent Allah. Il les répète et les enseigne à un petit groupe de fidèles de plus en plus nombreux. Parmi eux deux futurs califes : Abu Bakr dont il épouse la fille, et un cousin du Prophète, Ali, un garçon de dix ou quinze ans à qui il donne en mariage sa fille Fatima. À la mort de Mahomet, son beau-père Abu Bakr sera le premier calife. Vingt-cinq ans plus tard, son cousin et gendre, Ali, sera le quatrième. Une dynastie s'établit. Elle sera longue et traversée de drames. Les morts successives d'Ali et de son fils Hussein sont à la source de la division des musulmans entre sunnites et chiites.

Le nombre des partisans de Mahomet ne cesse de s'accroître. Celui de ses adversaires, aussi. La Mecque, surtout, se révèle de plus en plus hostile. En 622, Mahomet est obligé de se réfugier à Médine où ses fidèles sont nombreux. C'est l'hégire – la fuite – qui marque l'origine du calendrier musulman.

À Troie, j'étais déchiré entre Troyens et Grecs, entre Achille et Hector. En Arabie, près de deux mille ans plus tard, j'hésite entre les amis et les ennemis du Prophète. Dans la vie de chaque jour, dans le privé, Mahomet est un homme doux, affable, de caractère égal, conciliant. Mais quand son Dieu entre en jeu, il devient féroce. L'islam n'est pas une doctrine d'amour et de paix, mais une religion de violence et de guerre. De guerre contre les infidèles. Mais de guerre aussi entre les Arabes et entre les musulmans. Tous les Arabes, tous les musulmans sont frères. Mais ce sont des frères ennemis. Ce ne sont que combats, massacres, trêves, réconciliations. Je passe des jours et des nuits à me battre d'un côté ou de l'autre et à négocier des paix qui finissent par se rompre. Mahomet, en fin de compte, est toujours le plus fort. À sa mort, sa cause triomphe.

Le plus stupéfiant est la rapidité durable de l'expansion de l'islam dans les cent cinquante ans qui suivent la mort du Prophète. Abu Bakr soumet, jusqu'au Yémen, toute l'Arabie à la loi. Omar, le deuxième calife, un administrateur et un guerrier redoutable, conquiert en quelques années la Syrie, avec Jérusalem, l'Égypte, la Mésopotamie, la Perse. La ruée vers l'ouest est si rapide que des historiens ont pu se demander si la campagne arabe en Afrique du Nord était le fait des armes ou d'une vague de conversions, facilitée par l'arianisme. Vers l'est, la mainmise de l'islam sur l'Empire perse a quelque chose de miraculeux. J'y ai pris part avec enthousiasme.

À l'inverse de l'Arabie et de ses tribus innombrables, la Perse était un empire centralisé et hiérarchisé avec une fiscalité rigoureuse sous l'autorité d'un grand vizir. La Perse sassanide n'avait jamais cessé de tenir tête à Rome et à Byzance. L'empereur Shapur Ier avait fait prisonnier l'empereur Valérien. La légende veut qu'avant d'être exécuté le vaincu ait servi de marchepied au vainqueur pour monter sur son éléphant. En 363, sous Shapur II, l'empereur Julien l'Apostat avait été tué par une flèche sans doute perse, mais peut-être byzantine – et peut-être chrétienne. À l'époque où Bélisaire accumulait les victoires en Italie, en Sicile, en Afrique du Nord, votre Justinien l'emportait sur l'empereur Khosro Ier. L'empereur Khosro Ier avait occupé la Syrie, la Palestine, l'Égypte et menacé Constantinople. Les Byzantins finirent par écraser la Perse et se réjouissaient de leur victoire. À tort, sans doute. La Perse avait été affaiblie et offre soudain une proie plus facile aux troupes arabes d'Omar qui attaquent un an après la mort de Mahomet. Quatre ans plus tard, elles remportent à Qadisiyya une victoire historique qui ouvre la porte de la Perse à l'islam. Quatre autres années plus tard, la bataille de Nehavend change la face du monde. Ahura Mazda, Zoroastre – le Zarathoustra de Nietzsche –, l'Avesta, le livre saint des Perses, sont balayés. La Perse devient musulmane.

Bien loin des déserts de l'Arabie, j'ai longtemps habité la prospère Samarkand, au cœur de l'Ouzbékistan. J'ai été ouzbek comme Usbek et Rica dans les *Lettres persanes* et, comme eux à Paris, je me suis étonné de tout à Samarkand. Vous pouvez m'apercevoir plus d'une fois aux côtés de grands personnages sur l'une ou l'autre de ces miniatures qui font la gloire de Samarkand. Et, comme tous les Ouzbeks, je craignais surtout les Chinois et les Mongols sur leurs petits chevaux meurtriers. On les voit souvent avec leurs arcs et leurs flèches sur ces fameuses miniatures. Et, à la place des Mongols, à la place des Chinois, qu'avons-nous vu, un beau jour, sous les murailles de la ville ? Nous n'en croyions pas nos yeux écarquillés : des hommes inconnus, vêtus de blanc, avec des turbans sur la tête. C'étaient les Arabes, surgis de nulle part.

Des Quraych aux Séfévides, des Aghlabides aux Fatimides et aux Ayyoubides, les Arabes musulmans étaient divisés en une foule de tribus, de dynasties, de clans distincts, souvent rivaux et parfois franchement hostiles les uns aux autres, auxquels j'ai appartenu successivement et dont l'énumération serait fastidieuse. Deux dynasties pourtant, parmi beaucoup d'autres, m'ont laissé un grand souvenir : les Omeyyades et les Abbassides.

La capitale des califes omeyyades était Damas, en Syrie, où, arrivés quelques années après la mort du Prophète, ils ont régné près de cent ans. D'un bout à l'autre d'un empire puissant, ils ont laissé leur empreinte à Jérusalem avec la Coupole du Rocher ou à Kairouan avec la mosquée Sidi Uqba. Mais c'est à Damas même, au cœur de leur pouvoir, que le génie omeyyade se révèle dans toute sa splendeur. La Grande Mosquée des Omeyyades, qui abrite la tête de saint Jean-Baptiste, est une merveille d'architecture où le talent des artisans byzantins se mêle à la grandeur arabe. J'ai beaucoup joué autour de la fontaine dans la cour de la Grande Mosquée avec le dernier des Omeyyades, un garçon de mon âge qui s'appelait Abd al-Rahman. Je m'étais lié avec lui quand il avait huit ou neuf ans et nous n'avons jamais cessé d'être amis, même après la catastrophe qui met fin à l'illustre lignée des Omeyyades de Damas.

Cent vingt ans après la mort de Mahomet, les Abbassides s'emparent de Damas et massacrent jusqu'au dernier les Omeyyades vaincus. Jusqu'au dernier ?... Pas tout à fait. Un seul membre de la famille échappe à la tuerie : c'est le plus jeune, c'est mon ami Abd al-Rahman.

Les savants ont retenu son nom, ses malheurs, sa gloire, ses incroyables aventures. Ils ont toujours ignoré que c'est moi qui l'ai sauvé de son destin fatal. Pendant que le sang coulait à flots dans les rues de Damas, nous nous étions réfugiés dans la cour de la Grande Mosquée qui nous était familière. Avant le déchaînement des tueurs abbassides, j'avais échangé mes modestes vêtements contre les siens qui étaient somptueux. Il avait passé inaperçu au sein de la foule terrifiée qui se pressait dans la cour. Moi, je m'étais dissimulé dans les combles de la Grande Mosquée que je connaissais comme ma poche. La nuit venue, nous nous sommes retrouvés au pied de la fontaine. C'était le début d'une formidable aventure.

Je ne vais pas ici vous raconter ma vie. Ni mes vies. Sachez seulement que nous avons réussi à quitter la ville envahie. Nous avons sauté sur deux chevaux dont nous avions tué le gardien. Et pendant des jours et des nuits, avec l'aide d'Allah le Miséricordieux, que son saint nom soit béni, nous avons galopé vers l'ouest. Goethe s'est souvenu de cette chevauchée héroïque dans son poème *Le Roi des Aulnes* :

> *Wer reitet so spät durch Nacht und Wind ?...*
> Qui galope si tard dans la nuit et le vent ?...

Le poème s'inspire bien entendu de la nuit de Walpurgis – sainte Walpurgis est d'ailleurs l'exacte contemporaine d'Abd al-Rahman – et des vieilles légendes de Dietrich von Bern et de la forêt germanique, mais il n'est pas oublieux de la fuite loin de Damas saccagée du dernier des Omeyyades suivi du plus fidèle de ses compagnons de jeu.

Sur notre passage, les populations nous acclamaient. Ceux qui étaient déjà convertis à l'islam parce que nous étions arabes. Et ceux qui ne l'étaient pas, parce que nous étions des fugitifs. Nous étions musulmans et nous étions rebelles.

Nous avons traversé la Syrie, la Palestine, l'Égypte, Alexandrie, la Libye, la Cyrénaïque. Nous avons passé Djebel Tarik – et pour vous : Gibraltar. Ou peut-être, c'est si loin, je ne me souviens pas, peut-être avons-nous navigué le long des côtes de l'Afrique du Nord. Et, au pied de la sierra Morena, sur le Guadalquivir, nous sommes arrivés à Cordoue.

Cordoue, à cette époque, était déjà une grande et belle ville. Abd al-Rahman y fut reçu avec chaleur parce qu'il était le dernier des Omeyyades dont la réputation était parvenue jusqu'en Espagne. Et il prit le titre d'émir. Cent cinquante ans plus tard, l'émirat allait se changer en califat. C'est sous son règne que les troupes de Charlemagne poussèrent jusqu'à Saragosse et que Roland trouva la mort à Roncevaux.

Je dois le dire avec modestie, mais aussi avec fierté : Abd al-Rahman me nomma vizir. Et c'est à moi qu'il confia la construction d'un des plus beaux monuments de l'art musulman : la mosquée de Cordoue. Mehmed II, après la chute de Constantinople, allait changer en mosquée la basilique Sainte-Sophie, édifiée par Justinien. Sous Charles Quint, après la Reconquista, ma mosquée de Cordoue allait être transformée en cathédrale.

Je ne portais pas dans mon cœur les Abbassides qui avaient exterminé mes Omeyyades bien-aimés. Mais, les siècles passant à la vitesse d'un éclair, mes sentiments à leur égard se sont mis à changer.

Après leur victoire sur les Omeyyades, les Abbassides n'avaient pas tardé à abandonner Damas pour une ville sur le Tigre, en Mésopotamie, dans l'Irak actuel : Bagdad. Cinquante ans à peine après la chute de Damas, Bagdad devient la capitale du monde musulman et une des villes les plus magnifiques, ou peut-être la plus magnifique, de tout votre Moyen Âge, Orient et Occident mêlés.

Quelques années à peine après la chute de Damas, Haroun al-Rachid est calife à Bagdad. Exact contemporain de Charlemagne, il fait vivre autour de lui une cour fastueuse et construit dans la capitale du califat toute une série de monuments admirables et, hélas ! disparus. Il est, avec Charlemagne et l'empereur byzantin, le personnage le plus important et le plus influent de son temps. Il entretient des relations amicales avec l'empereur Charlemagne et j'ai eu l'honneur de convoyer jusqu'à Aix-la-Chapelle, capitale de Charlemagne – et c'était une sacrée tâche –, tout un lot de cadeaux du calife à l'empereur, parmi lesquels des velours, des damas, des pierres précieuses, une girafe, qui mourut en bateau, et une horloge à eau qui fit les délices de la cour d'Aix-la-Chapelle.

Inutile de parler plus longuement de l'immense souverain que fut à Bagdad Haroun al-Rachid ni d'entreprendre un portrait de lui : vous le connaissez tous. Il est le personnage principal d'un chef-d'œuvre sans égal : *Les Mille et Une Nuits.* Nous ne savons pas grand-chose de ce livre qui s'inscrit entre l'*Iliade* ou l'*Odyssée* et les *Essais* de Montaigne ou *Don Quichotte*. Nous ne savons rien de son auteur ou de ses auteurs, nous ne connaissons pas les dates exactes de sa conception ni de sa publication. Le seul point de repère qui nous permette de situer à peu près cette grande œuvre, si amusante et si puissante, est la présence constante dans ses pages, aux côtés de Shéhérazade, d'Aladin, d'Ali Baba et de Sindbad le marin, du calife Haroun al-Rachid.

La gloire de Bagdad, la capitale des Abbassides, dure un demi-millénaire. En 1258, le petit-fils de Gengis Khan et frère de Kubilay qui règne sur la Chine avec une relative tolérance et protège Marco Polo, Hulagu, guerrier presque aussi redoutable que son grand-père, s'empare de Bagdad qu'il détruit de fond en comble, mettant ainsi fin au califat des Abbassides. Les Omeyyades de Damas étaient enfin vengés par les Mongols d'Hulagu.

Six cents ans après la mort du Prophète, au temps de la chute de Bagdad, l'islam victorieux malgré tant de déchirures et de massacres s'étend du Caucase au Yémen et des rives de l'Indus à Cordoue devenue, sous les Omeyyades – avec Averroès, commentateur d'Aristote qu'il tente de concilier avec le Coran et qu'il transmet à un Occident distrait, et avec Maimonide, philosophe et médecin juif de langue arabe qui, lui, s'efforce de rapprocher Aristote de la Torah et qui écrit en arabe son *Guide des égarés* –, un des centres culturels du Moyen Âge.

STUPOR MUNDI

C'est à peu près à l'époque de Maimonide et d'Averroès à Cordoue – qui est aussi celle de Philippe Auguste, le vainqueur de Bouvines, en France, de saint François d'Assise en Italie et de Saladin dans le monde musulman – que surgit la grande figure d'un Souabe sicilien que j'ai aimé et admiré autant et plus que Théodoric ou que Justinien. Autant et plus qu'Alexandre. Autant et plus que Chateaubriand. Et ce n'est pas peu dire.

À la façon de Ramsès II, d'Alexandre, de Constantin, de Justinien et à la différence de Mahomet issu d'un milieu modeste, Frédéric II Hohenstaufen ne sort pas de rien. Il a des cartes dans son jeu – mais il saura les jouer –, une cuillère d'or dans la bouche – mais il saura s'en servir. Il est fils et petit-fils d'empereurs.

Le grand-père est une mythologie à lui tout seul. Avant de se noyer dans un fleuve de Cilicie, en Turquie, au cours de la troisième croisade, Frédéric Barberousse, empereur du Saint Empire romain de nationalité germanique, fut maître de l'Allemagne, de l'Italie, de la Bourgogne et aspira déjà à une sorte d'autorité universelle avant de se changer en légende pour tout le peuple allemand pendant des générations. Son fils, Henri VI, poursuit son œuvre, mais ne le vaut pas. Ce qu'il y a de plus intéressant chez le fils de Barberousse, c'est son mariage avec Constance de Hauteville.

Les Hauteville étaient une famille étonnante. C'étaient des géants blonds et normands, descendants de ces Vikings qui s'étaient aventurés jusque sur les côtes d'une Amérique encore inconnue et qui avaient conquis coup sur coup l'Angleterre et la Sicile.

Les Normands – *Northmen* – avaient attaqué une première fois la Sicile, alors occupée par les Arabes. Une maladie cruelle les avait contraints à rebrousser chemin. Les historiens se sont beaucoup interrogés sur ces souffrances qui les poussaient parfois, pour essayer de survivre, à se jeter à la mer au risque de se noyer. La peste ? Le choléra ? Il semble bien que les Normands très blonds aient été victimes de coups de soleil. Quelques années plus tard, emmenés par Roger Ier de Hauteville et son frère Robert Guiscard, guerriers très redoutables, ils revinrent à la charge couverts de graisse pour se protéger du soleil meurtrier et ils s'emparèrent de la Sicile musulmane.

Roger II, le fils de Roger Ier, le conquérant, avait une fille, Constance, destinée à entrer dans les ordres et à devenir nonne. À trente ans passés, elle épousa le fils de Frédéric Barberousse, son cadet de dix ans. Après neuf années de stérilité, Constance, alors quadragénaire, donna le jour à un fils. C'était Frédéric II.

Dès les débuts de l'aventure, un parfum de scandale mêlé de grandeur entoure cette naissance. Dans l'atmosphère trouble et semi-orientale qui règne à la cour de Palerme, les rumeurs se mettent à courir. L'impératrice était trop vieille, elle avait quitté la vie religieuse et rompu ses serments, il n'était pas impossible que le nouveau-né fût le fruit d'un démon. Mais d'autres, encouragés par l'empereur et s'appuyant sur des vers prophétiques et obscurs de la quatrième églogue de Virgile, entourent au contraire Constance de respect et d'égards. Plus tard, Frédéric II, à des fins personnelles, ne reculera pas devant un parallélisme entre sa propre mère et la mère du Sauveur.

Constance est si consciente du trouble des esprits que, de passage à Iesi, petite ville des Marches d'Ancône, elle tient à accoucher en public. Elle fait élever une tente en plein marché et montre fièrement au peuple le fils qui vient de lui naître.

Palerme, où réside la Cour, n'est plus que l'ombre d'elle-même depuis la mort de Roger II. À cinq ans, à sept ans, à dix ans, le jeune Frédéric est entouré déjà d'intrigues et de dangers. Protecteurs et adversaires – et les protecteurs se changent souvent en adversaires – se pressent autour de lui : le pape, son tuteur, qui passe son temps à osciller entre soutien et hostilité ; les Allemands, qui veulent garder un pouvoir sur le point de leur échapper ; les notables de Sicile et des Pouilles qui ne cessent de s'agiter ; les Sarrasins, vestiges de l'occupation musulmane, retranchés à l'intérieur de l'île. Personne ne parierait sur un avenir radieux du jeune roi.

En quelques années, Frédéric donne la mesure de ses dons et de ses talents. Il retourne une situation qui semblait presque désespérée. Avec vigueur et subtilité, il sort la Sicile de son chaos. Les barons siciliens sont rappelés à l'ordre. Les Allemands sont mis au pas. Mais le chef-d'œuvre du jeune roi est à chercher dans sa conduite à l'égard des Sarrasins.

Après une guerre impitoyable où les actes de cruauté ne manquent pas, au lieu de massacrer les survivants, il les installe, sous l'autorité d'un chef de leur religion, un caïd, dans sa forteresse de Lucera, en Apulie, où, non contents de survivre en paix, ils vont constituer, au scandale du pape et de la chrétienté, sa garde la plus fidèle et le fer de lance de son armée. Il se trouve que, grâce à Abd al-Rahman, je parlais l'arabe aussi couramment que le latin ou le grec. Frédéric me nomma gouverneur de Lucera, palais moins somptueux sans doute que Castel del Monte, mais pièce essentielle du monde nouveau établi par le roi de Sicile.

Frédéric ne donne pas seulement des preuves d'une dignité et d'une force de caractère qui se conjuguent avec des qualités intellectuelles éclatantes et avec un charme irrésistible qui frappe tous ses contemporains. Il a aussi de la chance. Napoléon avait coutume de demander aux officiers dont il voulait assurer la carrière s'ils étaient « heureux » – c'est-à-dire s'ils avaient de la chance. Frédéric est heureux.

En Allemagne, les Welfs, une grande famille bavaroise, sont les ennemis héréditaires des Hohenstaufen, originaires de Waiblingen, en Souabe. Les guelfes et les gibelins – déformation italienne de Welfs et de Waiblingen – diviseront longtemps l'Italie dont une bonne partie relève du Saint Empire romain de nationalité germanique.

L'élection d'un guelfe à la tête de l'empire semble

enlever à Frédéric toute possibilité de succéder à son père en Allemagne. Mais, par un coup de chance, avant même d'être vaincu par Philippe Auguste à Bouvines, le guelfe est abandonné par le pape qui l'avait pourtant d'abord soutenu. Du coup, le jeune Frédéric Hohenstaufen est élu empereur sous le nom de Frédéric II. Il a à peine vingt ans. Le trajet de Palerme vers Francfort et Mayence à travers des régions infestées d'adversaires est une épopée pleine de risques et, en fin de compte, triomphale.

Le cauchemar que les papes redoutaient plus que tout est devenu réalité : l'Allemagne du Saint Empire germanique et le royaume de Sicile ne font plus qu'un. Les possessions temporelles de la papauté sont encerclées et affaiblies. Tout le règne de Frédéric va se dérouler sous le signe d'une hostilité toujours croissante entre les papes et l'empereur roi de Sicile.

Quatre papes qui ont laissé un nom dans l'histoire – le premier est Innocent III, le quatrième est Innocent IV – vont mener successivement la lutte contre Frédéric II. Ce ne sont que brouilles et réconciliations, couronnement à Rome et excommunication, admiration mutuelle et haine inexpiable. Chacun sait que Frédéric II part pour la croisade excommunié. Et que, par son mariage avec la fille du roi de Jérusalem, il devient, à son tour, sans coup férir et acclamé par les musulmans, roi de Jérusalem. Une couronne orientale vient s'ajouter à la puissance et à la gloire du Saint Empire et aux charmes vaguement sulfureux d'une Sicile triomphante.

La politique, le pouvoir, les conquêtes successives ne constituent qu'une des facettes, et peut-être pas la plus frappante, de la personnalité inépuisable de Frédéric II. Ce fondateur du premier empire centralisé et hiérarchisé du monde moderne – sur le modèle de Rome ou de la Perse sassanide – est passionnément intéressé par la recherche et la culture. Il est curieux de tout et son entourage est composé moins de compagnons d'armes ou de courtisans que de philosophes et de savants auxquels se mêlent des astrologues. Tout ce qui compte dans le monde intellectuel du début du XIIIᵉ siècle se donne rendez-vous à Palerme.

Les secrets de l'univers tourmentent le roi de Sicile. Sa cour est souvent le lieu de joutes littéraires et de débats philosophiques sur la nature des choses, sur l'âme, sur l'au-delà. Il correspond avec nombre de mathématiciens ou de philosophes, souvent arabes ou orientaux. Toutes les nations comme toutes les disciplines sont représentées à Palerme : des Français, des Anglais, des Allemands naturellement, et des Italiens, des Syriens, des Égyptiens, des Juifs. Lui-même parle et écrit sept ou huit langues. Il prend part aux discussions qui s'engagent autour de lui. Il interroge les uns et les autres. Et il écrit, non seulement des lettres, mais des textes politiques ou juridiques, des lois, des constitutions, qu'il rédige de sa main, et même des livres.

En dehors de la stratégie politique, des mathématiques et de la philosophie, une des passions du roi de Sicile est la chasse. Elle lui coûte assez cher : il perd une bataille à Parme pour avoir préféré la chasse à la guerre. Son sport favori est la fauconnerie qui tient une grande place dans sa vie. Il est l'auteur d'un livre bien connu : *De arte venandi cum avibus – L'Art de chasser avec des oiseaux.*

Enfin... l'auteur... Frédéric a, bien sûr, eu l'idée de ce livre, il l'a revu et corrigé avec soin. Mais c'est moi qui l'ai écrit. En plus de mes fonctions de gouverneur de Lucera et de capitaine de ses bataillons de Sarrasins, qui me laissaient du temps libre, j'étais le grand fauconnier de l'empereur. Il m'avait nommé à ce poste de confiance qui me permettait de le voir souvent en privé et de l'écouter. Et tous, à la cour de Palerme, m'appelaient « Monsieur le Grand ».

J'ai accompagné l'empereur à Francfort, à Mayence, à Cologne, à Rome, dans le nord de l'Italie. J'ai séjourné avec lui dans son château de légende en Apulie : Castel del Monte. Je l'ai suivi en Orient quand il est parti excommunié pour Jérusalem et la Terre sainte. Saladin, hélas ! n'était plus là. Il était déjà entré dans la gloire des héros et des chevaliers. L'empereur et roi m'avait permis avec bonté de pénétrer dans son intimité. Oui, j'ai aimé et admiré Frédéric II. Il avait mérité la formule qui lui était souvent accolée : *Stupor mundi*.

L'incroyable aventure, je m'en souviens comme d'hier, s'est terminée très mal. Entre Innocent IV et l'empereur, la guerre avait repris avec une violence inouïe et, de part et d'autre – surtout, il faut bien le dire, du côté de l'empereur –, des scènes de torture insupportables. Cinq ans avant la mort de Frédéric, le pape avait déjà fait déposer « l'Antéchrist » par le concile de Lyon. Le génie de Frédéric II remporta encore quelques succès. Mais le vent avait tourné. La chance avait disparu. L'étoile n'était plus là. Avant et après la mort de l'empereur, ses fils Conrad, Manfred, Enzio, ses petits-fils, dont Conradin, son gendre Ezzelino, un boucher cruel que Dante relègue dans son Enfer, sont tués ou emprisonnés à vie. Fait prisonnier malgré mes Sarrasins, je suis moi-même pendu par un légat du pape, trop heureux de se venger sur un proche de l'empereur, et ma dépouille est jetée aux flammes.

Innocent IV l'emporte, et avec lui les villes guelfes du nord de l'Italie et les Français autour de Charles d'Anjou, frère de Saint Louis, roi de Sicile pour seize ans, avant d'être renversé par les Vêpres siciliennes. Solitude, solitude de la force. Ne restent de l'orgueilleux triomphe de Frédéric II, empereur romain germanique, roi de Sicile, roi de Jérusalem, qu'un souvenir dans mon cœur et le récit que j'en fais.

LA MISÈRE ET LA FOI

Las de tant de violence et de sang, j'aurais voulu me jeter aux pieds de François à Assise. Hélas ! Le frère des hommes, l'ami des oiseaux, le créateur, avec Dante, de la langue italienne, était mort avant la fin du dernier des Hohenstaufen, dont il était l'adversaire. J'ai pris ma revanche avec Thomas.

Après avoir été élevé à l'abbaye du Mont-Cassin, Thomas d'Aquin – qui était le petit-neveu de Frédéric Barberousse et le cousin de Frédéric II – avait été l'élève d'Albert le Grand à Cologne. Je n'ai suivi les cours de Thomas ni à Orvieto ni à Viterbe, mais à Paris et à Rome. Ayant appris son passage à l'abbaye de Fossanova, entre Rome et Naples, où il devait mourir peu après notre rencontre, je m'y suis précipité. Il m'a reçu avec bonté. Je me suis confessé à lui et je lui ai demandé l'absolution pour tous les péchés que j'avais commis au service de Frédéric II. Et nous avons parlé une heure ou deux de sa *Somme théologique* qui ne m'était pas tout à fait étrangère.

Vous souvenez-vous de Maimonide et d'Averroès à Cordoue ? Que faisaient-ils, l'un et l'autre, dans la perle musulmane de l'Espagne des Omeyyades ? Ils travaillaient sur Aristote. Averroès conciliait le Coran avec Aristote. Et Maimonide, Aristote avec la Torah. Eh bien, cent ans plus tard, Thomas ne fait rien d'autre – mais différemment : sa *Somme* est une tentative de réconciliation entre Aristote et les Évangiles.

Vous vous souvenez aussi des rapports entre Aristote et Platon. L'œuvre de Platon est une conversation très élevée, et celle d'Aristote est un système. C'est de ce système – en le christianisant et en lui donnant Dieu pour origine et pour fin – que s'inspire Thomas d'Aquin.

Ramené en Europe où il était oublié et où les plus savants le connaissaient à peine, Aristote avait conquis aussitôt tous les esprits éclairés. Mais la métaphysique d'Aristote s'opposait plutôt aux livres saints du christianisme. La tâche historique de Thomas fut d'opérer un rapprochement entre la philosophie d'Aristote et la doctrine chrétienne.

Aristote a une conception hiérarchique et continue d'un univers qu'il croit éternel et de son savoir. Il y a les plantes, puis les animaux, puis les hommes. Et il les étudie successivement. Thomas laisse de côté la fameuse « preuve ontologique » de saint Anselme : Dieu est parfait ; la perfection implique l'existence ; donc Dieu existe. Il ne tient pas compte de cet argument, si sévèrement critiqué plus tard, notamment par Kant. Il reprend plutôt le schéma aristotélicien d'une hiérarchie en forme de pyramide. Mais la pyramide du « Docteur angélique » est couronnée par Dieu qui en est la cause et la fin. Et, à mi-chemin de Dieu et des hommes, il y introduit des anges. Thomas emprunte la voie tracée par Aristote, mais, chez lui, le chemin part d'un monde créé au lieu de partir d'un monde éternel et il mène au Dieu qui l'a créé.

Thomas, qui devait être reconnu par Rome, trois cents ans plus tard, comme docteur de l'Église, fut assez indulgent pour m'accorder l'absolution que je sollicitais avec humilité. Mais il l'assortit d'une pénitence : pour avoir tant péché contre Dieu et contre les hommes au nom d'un pouvoir dont j'acceptais jusqu'aux excès et jusqu'à l'injustice, j'étais condamné à me détourner des puissants de ce monde que j'avais trop bien servis et à m'occuper, dans une autre vie, des plus pauvres et des plus démunis.

La tâche n'était pas très difficile. Ce qui manque le moins dans ce monde, c'est le malheur. Aussi loin que je remonte dans mon passé qui s'allonge, je ne vois autour de moi que des hommes malheureux et des femmes malheureuses. Des bonheurs, oui, bien sûr. Mais aussi et surtout le malheur : les catastrophes, les accidents, les maladies, la misère, les chagrins d'amour, et la mort – celle des autres, celle de chacun, et la vôtre. Il faudra attendre le XXe siècle en France pour qu'un de ceux qui vous dirigent le constate avec tristesse : « Les gens sont malheureux. »

Ils ont été malheureux à toutes les époques successives : dans les temps modernes où vous supportez mal un malheur accepté jadis en silence et dont vous êtes devenus à la fois conscients et impatients ; au temps du romantisme, bien sûr, qui ne cesse de réclamer des tempêtes, des catastrophes, du désespoir et de s'en glorifier ; à l'époque classique, qui dissimule ses troubles avec hauteur ; chez les Romains, chez les Grecs, chez les

Égyptiens, chez les Mésopotamiens dont les triomphes et la grandeur ont du mal à camoufler les souffrances et les peines.

L'époque où le commun des mortels, les paysans, les artisans, les boutiquiers, les marins sont les plus malheureux est probablement le Moyen Âge. Entre les grandes invasions et la chute de Constantinople, le siècle de Périclès malgré la guerre et la peste, le temps de l'Empire romain malgré la rigueur et la dure discipline apparaissent, à tort ou à raison, comme un âge d'or évanoui, presque irréel, et qui relève de la légende. La vie est dure. Les gens vivent de ce qu'ils produisent. Ils dépendent du temps qu'il fait. Il n'y a ni espérance, ni changement, ni grand projet à venir. D'autres époques, plus tard, se plaindront des changements devenus trop rapides. Là, rien ne bouge jamais. Demain ressemblera à hier. Tous souffrent beaucoup et meurent tôt.

Grâce à Dieu, en Occident au moins, mais en terre d'islam aussi, la foi emporte tout. Les curés, les abbés, les bonnes sœurs, la messe du dimanche. Cluny et Cîteaux en France. Le riche manteau des églises romanes, puis des cathédrales gothiques – «l'encyclopédie de l'imaginaire après l'encyclopédie du réel » –, fait vivre au-dessus d'eux-mêmes des corps écrasés de douleur et des esprits sans espoir – au moins dans ce monde-ci. Au sein de ce malheur général, comme dans l'Enfer de Dante, il y a des degrés. Au niveau le plus bas se traînent les galériens.

Les Romains, les Grecs, les Phéniciens connaissaient la galère : un petit bateau effilé – qui, avec le temps, allait devenir plus gros, et même beaucoup plus gros –, surtout utilisé pour faire la guerre, avec un éperon devant, une sorte de plateforme derrière et un, ou deux, ou quatre – et même plus – bancs de rameurs que venaient doubler des voiles. Les galères avançaient à la vitesse des bateaux à moteur à leurs débuts. Elles resteront en service jusqu'au XVIIIe siècle. Ce sont les galères d'Octave, le futur Auguste, qui l'emportent à Actium sur celles de Marc Antoine et de Cléopâtre, acculés au suicide. Ce sont les galères de don Juan d'Autriche, avec Cervantès à leur bord, qui l'emportent à Lépante sur la flotte ottomane.

Les galériens – la chiourme – étaient presque toujours des esclaves, des prisonniers, des condamnés. Ils étaient attachés par des fers à leur banc de rame qu'ils ne quittaient jamais. Ni pour boire, ni pour manger, ni pour dormir. Dans la coursive se tenaient des contremaîtres chargés de les surveiller et dont les nerfs de bœuf s'abattaient sur les épaules et sur le dos des rameurs jugés trop peu actifs. Sous le soleil, sous la pluie, dans la tempête, sous les flèches ou le canon, les galériens ne souffraient pas très longtemps : ils mouraient assez vite. Leur corps était jeté à la mer.

Au XVIIe siècle, saint Vincent de Paul, aumônier général des galères, fut un des premiers à se pencher sur leur sort. Quatre cents ans plus tôt, pour obéir à Thomas d'Aquin, mon confesseur, j'ai fait un peu plus que de m'intéresser aux galériens : je suis devenu l'un des leurs.

En France, tout au long du Moyen Âge et jusqu'aux débuts de Louis XV, la chiourme est recrutée sur décision de justice. Le nombre des coupables – ou des innocents – condamnés aux galères varie avec les besoins de la monarchie. Les juges sont invités avec fermeté à manifester plus ou moins de sévérité selon les exigences de la marine royale. Aux préoccupations militaires s'ajoutent des considérations politiques. Après la révocation de l'édit de Nantes, les protestants sont envoyés en masse aux galères. Il leur suffit d'abjurer pour être libérés. Les âmes fortes qui s'y refusent sont attachées à vie sur leur banc de rame. Une des épreuves les plus rudes des galériens est l'interminable trajet, sous les quolibets et les coups de la populace rassemblée, du lieu du jugement au pont d'embarquement. Beaucoup meurent déjà sur ce chemin de calvaire.

J'ai été envoyé aux galères parce que je m'étais attaché à une fille rousse et très belle qui faisait ce qu'elle voulait avec les hommes qu'elle voulait. Non pas avec ceux qui la voulaient et qui étaient légion, mais avec ceux dont elle voulait. Ceux qui la voulaient et dont elle ne voulait pas nourrissaient à son égard des sentiments violents. Et, non contente d'avoir des visions qui ne portaient tort à personne et dont elle eut l'imprudence de parler à d'autres qu'à moi, elle souffrait du haut mal. Les crises qu'elle subissait étaient assez spectaculaires et, conjuguées avec ses cauchemars, les prédictions souvent farfelues que, nouvelle Cassandre, elle lançait à tous vents finirent par attirer l'attention de ses voisins. Des rumeurs coururent. Elle fut accusée de menées avec le diable et traitée de sorcière. Tous ceux dont elle avait repoussé les avances découvraient avec une joie féroce l'occasion de se venger. Et par sottise, par ingratitude ou par lâcheté, ceux pour qui elle avait eu des bontés l'abandonnèrent à son sort.

À Bacharach il y avait une sorcière blonde
Qui faisait mourir d'amour tous les hommes à la ronde
Devant son tribunal l'évêque la fit citer
D'avance il l'absolvit à cause de sa beauté

Ni la maréchaussée ni la justice n'avaient cure de la Lorelei ni des vieilles légendes germaniques et elles ignoraient, ah ! jusqu'au nom d'Apollinaire. Margot fut condamnée au bûcher. J'essayai de la sauver. En vain, hélas ! Je me démenai comme un fou. Pour complicité de sorcellerie, je fus envoyé aux galères.

Je n'y restai pas longtemps. Vous vous rappelez peut-être que ma dépouille, à Parme, à l'issue d'une bataille perdue par Frédéric II avait été livrée aux flammes. Cette fois-ci, au large d'une petite île ravissante, en face de Kas, sur la côte turque, où nous combattions les Barbaresques, Kastellorizo, mon corps fut jeté à la mer.

Je suis retourné deux autres fois sur ces maudites galères. La première, je vous passe les détails, parce que j'aurais commis un meurtre dont j'étais innocent. La deuxième fois, parce que j'étais protestant et que j'avais refusé d'abjurer. C'est là que je rencontrai saint Vincent de Paul qui me prit à son service et qui me tira de ce mauvais pas. Vie après vie, je lui garde, comme à Thomas, une éternelle gratitude.

Je n'en avais pas fini avec les malheurs de ce temps dont saint Thomas d'Aquin m'avait ordonné de m'occuper. Quelque chose de nouveau, ou que nous croyions tous nouveau, avait fait irruption dans l'histoire universelle. C'était la peste.

Le seul nom de la peste répandait la terreur. Vous

ne serez pas trop surpris d'apprendre que, pour obéir, et au-delà, aux injonctions de mon confesseur, je ne me suis pas contenté de soigner les misérables frappés par le fléau. J'ai succombé moi-même à l'horreur de la peste.

Il est difficile de savoir avec certitude si la fameuse peste d'Athènes qui emporta Périclès était déjà cette peste qui ravagea l'Asie et l'Europe pendant plus de quatre siècles. Ce qui est sûr c'est qu'elle frappe l'Égypte et la Syrie dès l'époque de Justinien. Mais c'est au milieu du terrible XIVe siècle que la peste noire, venue de l'Inde, se déchaîne avec violence. Elle tue vingt-cinq millions de personnes en Europe et à peu près autant en Asie. À la fin du XVIe siècle, elle s'attaque à Milan, où elle fait disparaître les trois quarts de la population, à Venise, où elle met fin à la longue vie de Titien, puis, en 1630, à tout le nord de l'Italie. À la fin du XVIIe siècle elle sévit encore à Londres, où Newton échappe à la mort en se réfugiant à la campagne. Un peu plus tard à Marseille, qui perd un habitant sur deux. En 1631, pour célébrer la fin de la peste à Venise, Longhena édifie derrière la Douane de mer l'église Santa Maria della Salute – la Santé.

La peste entraînait la famine. Les gens n'avaient plus de quoi se nourrir. On assista plus d'une fois à des scènes de cannibalisme. Les loups entraient dans les villes sans défense. J'ai fait ce que je pouvais et, là encore, je suis mort deux fois, emporté par le fléau, comme Périclès et Titien. Je n'en tirais pas une gloire excessive, mais il me semblait que j'avais été jusqu'au bout de la pénitence imposée par le Docteur angélique.

J'avais été à peine freinée par les horreurs de la peste noire. Je poursuivais mon chemin. Je ne fais jamais rien d'autre. Et ce qui se passait ailleurs que dans votre vieille Europe n'était pas beaucoup plus gai qu'à Milan, à Marseille, à Venise.

MYTHES ET LÉGENDES D'ORIENT

Un peu avant le règne de Frédéric II en Allemagne et en Sicile, un événement considérable, ignoré d'un bout à l'autre de l'Europe et même en Égypte, en Syrie, en Perse, se produit à Delun Boldaq, un bled perdu du côté du désert de Gobi, au nord de la Chine : un enfant naît. Il est appelé Temudjin.

D'une intelligence très vive, d'une volonté de fer, d'une cruauté remarquable, il prend la tête d'une horde qui, de bataille en bataille, de négociation en négociation, d'annexion en annexion, finit par devenir assez puissante. Reconnu chef suprême des Mongols, Gengis Khan – «le Khan universel» – conquiert tout un pan de la Chine, l'Afghanistan, une partie de la Perse et la Transoxiane avec Samarkand, au nord-est de l'Oxus qui prendra plus tard le nom d'Amou-Daria.

La puissance et la sauvagerie de Gengis Khan deviennent vite proverbiales. Il répand la terreur. La guerre n'est pour lui ni un sport, ni un jeu, ni un devoir, ni un calcul, ni même une ambition. Comme les Huns jadis, ce qu'il aime, c'est détruire. Partout où il passe coule un torrent de sang. Les villes sont pillées et détruites. Ceux qui lui résistent sont tués dans des tortures : sciés en deux ou jetés dans des cuves d'huile bouillante. À son fils qui manifeste avec timidité un penchant pour un semblant de pitié à l'égard des vaincus, ce qui était fâcheux pour l'héritier de Gengis Khan, il écrit en ouïgour qu'il lui interdit d'être bon.

Ses successeurs poursuivent son œuvre et renforcent sans éclat l'Empire mongol. Mais deux de ses petits-fils laissent l'un et l'autre, dans deux registres très différents, un nom dans mes archives. L'aîné, Kubilay, après avoir épousé une petite-fille de Gengis Khan, achevé la conquête de la Chine et établi sa capitale à Pékin, se montre plutôt tolérant à l'égard du bouddhisme et du christianisme. C'est lui qui accueille et protège un voyageur vénitien, accompagné de son père et de son oncle – l'oncle, c'était moi –, qui, après avoir emprunté la route de la soie, parcourt la Chine pendant seize ans. Marco Polo reçoit des mains de l'empereur Kubilay une lettre pour le pape. De retour à Venise où vous pouvez encore admirer notre maison, il rédige en français son *Livre des merveilles du monde* – appelé souvent *Il Milione, Le Million*, à cause de ses hâbleries et de ses exagérations –, où je ne suis pas pour rien.

Marco Polo et moi n'étions pas les premiers à être venus en Chine. On racontait que des soldats romains, faits prisonniers par les Parthes ou par les gens du Khwarezm, avaient été vendus par eux aux Chinois qui les avaient parqués aux confins du Lob Nor. Giovanni da Pian del Carpine, en français Jean du Plan Carpin, avait été envoyé par Innocent IV, l'adversaire de Frédéric II, auprès du successeur de Gengis Khan. Quelques années après du Plan Carpin, un autre franciscain, Guillaume de Rubroek, chargé de mission par Saint Louis, avait, lui aussi, rencontré le Grand Khan. Mais le succès du livre signé, sinon rédigé, par Marco avait éclipsé tous les ouvrages précédents.

L'autre petit-fils de Gengis Khan s'appelait Hulagu. Il avait hérité de la sauvagerie de son grand-père et il était très loin de la douceur de Kubilay. Souverain mongol de la Perse, c'est lui qui s'empare de Bagdad en 1258, détruit la ville et met fin à la dynastie des Abbassides. Inutile de vous dire qu'une fois de plus je trouvai la mort à Bagdad.

La chute de Bagdad coïncide dans le temps avec la fin des croisades. Sous l'impulsion des papes, les croisades constituent du XIᵉ au XIIIᵉ siècle une tentative désespérée des chrétiens pour reprendre aux musulmans le contrôle des Lieux saints et notamment de Jérusalem et du Saint-Sépulcre. Elles sont de part et d'autre, chez les musulmans comme chez les chrétiens, à l'origine d'une série de mythes, d'aventures militaires et sentimentales et de chefs-d'œuvre littéraires. Frédéric Barberousse se noie en Turquie au cours de la troisième croisade. La quatrième est détournée par Dandolo, doge de Venise, vers Constantinople qui est pillée de fond en comble et dont beaucoup d'œuvres d'art, de statues, de lions de marbre ou de chevaux de bronze sont saisis et envoyés à Venise où vous pouvez encore les admirer aujourd'hui. Frédéric II, excommunié, conduit la sixième. Et Saint Louis, la septième et la huitième, au terme de laquelle il est frappé par la peste à Tunis. Les Lusignan, les Courtenay, Godefroi de Bouillon, Aliénor d'Aquitaine, Édesse,

Antioche, Saint-Jean-d'Acre, Tancrède et Clorinde, Renaud et Armide, la foi et les amours, les combats et les fleurs, les délices vénéneuses des passions interdites... L'Orient a fourni à l'Occident toute une moisson de légendes et de rêves.

Eh bien ! tâche que ce soit un beau conte à conter dans les jardins de l'Oronte.

Trois personnages surtout m'ont occupée en ces temps-là. Je ne les ai pas servis. J'appartenais plutôt au camp opposé. Je ne les ai même pas connus. Mais ils m'ont fascinée à des titres divers.

Le premier est Saladin. D'une vieille famille kurde émigrée en Irak, il se met au service du prince turc de Syrie et combat à la fois des hérétiques ou des dissidents musulmans et les croisés chrétiens. Il élimine très vite tous ses rivaux en Égypte et en Syrie, gagne une bataille décisive sur les Francs, s'empare de toute la Palestine, y compris Jérusalem, et constitue le plus vaste ensemble musulman en Méditerranée orientale depuis l'arrivée des croisés. Ses succès, qui épatent l'Europe et l'inquiètent, entraînent la formation de la troisième croisade, dirigée par Frédéric Barberousse, Philippe Auguste et Richard Cœur de Lion, le frère, l'adversaire et le prédécesseur de Jean sans Terre sur le trône d'Angleterre. Il ne parvient pas à sauver la ville d'Acre assiégée par les croisés et signe avec eux une paix de compromis qui assure une bande côtière aux croisés, et à Saladin l'Égypte, la Syrie, la Palestine, y compris Jérusalem et la haute Mésopotamie.

Avec des dons intellectuels exceptionnels et un charme égal à celui d'Alexandre, Saladin était ardent, courageux, audacieux. Il était surtout le contraire d'un fanatique. Génie militaire et grand administrateur, il était aimé de ses fidèles. Et ses sujets chrétiens n'eurent jamais à se plaindre de lui.

Sa réputation d'humanité, d'élégance, de chevalerie était telle qu'un cycle de légendes se constitua un peu partout autour de lui. Saladin finit par devenir en Occident un héros presque chrétien. Frédéric II était un chrétien qui était devenu populaire chez les musulmans. Saladin fut un héros musulman admiré par les chrétiens. J'aurais tant aimé assister à une rencontre entre Frédéric II et Saladin !... L'histoire, hélas, ne fait pas ce qu'elle veut, et encore moins ce que je voudrais. Saladin meurt quelques mois avant la naissance du Hohenstaufen.

La deuxième de mes hantises est très loin d'avoir le charme et l'élégance de Saladin. C'est le premier des terroristes. C'est un héros en creux, c'est un antihéros.

Né en Perse, Hassan al-Sabbah, connu aussi sous le nom de Vieux de la montagne, était un musulman extrémiste dont l'arme principale était l'assassinat. L'islam, au temps de la première croisade, était la proie de violentes divergences d'opinion entre sectes rivales, d'une compétition sans merci entre sunnites et chiites, de luttes implacables pour le pouvoir. Hassan al-Sabbah suspectait bon nombre de ses coreligionnaires de déviation et de mollesse. Au nom d'une interprétation personnelle et radicale du Coran, il se faisait l'imprécateur non seulement de la faiblesse et de la corruption, mais de toutes les formes de tolérance et d'humanisme.

Ses méthodes étaient brutales. Elles étaient aussi criminelles. Entouré de partisans fanatiques, prêts à tous les sacrifices – d'où l'appellation de *fedayin* : « ceux qui se sacrifient » –, il faisait régner la terreur. Un sultan perse qui l'avait combattu se réveilla un matin, comme dans un film d'horreur, avec un poignard planté auprès de sa tête. Exécutés, en règle générale, par une ou deux personnes, les meurtres devaient se faire en public, au cœur d'une foule aussi nombreuse que possible, pour assurer leur retentissement. Ciblés avec soin, les assassinats entraînaient presque toujours la capture et la mort des responsables de l'action. Ils avaient fait d'avance don de leur vie à la cause.

Ennemi farouche des chrétiens, mais aussi adversaire violent des musulmans qui ne se pliaient pas à sa loi, Hassan al-Sabbah ne se privait pas d'entretenir avec les Francs des relations paradoxales et parfois presque amicales. Il se promenait, un jour de trêve, au pied des remparts de Tyr ou d'Acre, avec quelques chefs des croisés qu'il essayait de convaincre de l'inutilité de leur combat. Des sentinelles à lui étaient postées sur les remparts.

— Vous allez voir, dit-il aux Francs.

Il fit un geste, lança un ordre : deux de ses hommes se jetèrent dans le vide.

Les séides du Vieux de la montagne lui étaient aveuglément attachés. Il avait fait de la soumission – *islam* signifie soumission – à sa propre personne la loi absolue de la secte qu'il avait fondée et qui connut très vite un succès considérable. Il avait acquis dans le massif de l'Elbourz, au nord de la Perse, non loin de la mer Caspienne, une forteresse située dans une zone d'un accès difficile : Alamut. On assurait que, non content de manier le poison et le poignard, Hassan al-Sabbah utilisait aussi le haschisch à des fins politiques et personnelles. Il l'administrait à ses jeunes fidèles, appelés non seulement *fedayin* mais aussi *haschaschin* – d'où notre mot « assassin » –, en leur promettant des délices et des visions mystiques propres à leur donner une idée de ce qui les attendait après leur mort s'ils la mettaient au service de l'islam – et au sien. Une fois drogués, les enfants, les jeunes gens étaient transportés inconscients au château d'Alamut. Ils se réveillaient dans un autre monde.

Alamut n'était pas seulement une forteresse. C'était un de ces châteaux d'Orient à la splendeur indicible. Dans un pays pauvre, ingrat, ruiné par des guerres sans nombre, ce n'étaient que fontaines, jets d'eau, ruisseaux de miel, divans profonds, étoffes de toutes les couleurs, musique et lumières. Des bayadères peu farouches et nombreuses se promenaient dans ce rêve. Le Vieux de la montagne expliquait à ses fidèles, qui ne demandaient qu'à le croire, qu'ils étaient de passage au paradis et qu'il ne dépendait que d'eux d'y retourner à jamais. Quand ils rentraient chez eux, après une nouvelle absorption de drogue, les haschischins ne pensaient à rien d'autre qu'à retrouver les parfums, les fontaines et les bayadères et à mourir pour leur foi et leur maître.

Comme beaucoup de bourreaux, le Vieux de la montagne était curieux de tout, ami de la culture, d'une conversation agréable. Selon plusieurs témoignages, il était lié avec un des plus grands poètes de tous les temps, Omar Khayyam, qui était aussi mathématicien et amateur de vin, et avec qui il s'entretenait volontiers. Ces sentiments élevés ne l'empêchèrent pas d'égorger ses deux fils qui ne lui marquaient pas assez de soumission.

Alamut, la forteresse imprenable, de brillante et sinistre mémoire, est prise et détruite par Hulagu sur le chemin de Bagdad.

Mon troisième personnage fétiche, je ne l'ai pas connu mieux que Saladin ou Hassan al-Sabbah. Lui non plus, comme les deux premiers, je ne l'ai jamais rencontré. Plus encore que les deux premiers, il était une légende. Il n'existait pas. C'était le Prêtre Jean.

Le mythe du Prêtre Jean naît sans doute en Éthiopie. L'Éthiopie était un pays chrétien, évangélisé par des Coptes, où régnait un roi qui portait le titre de négus. Ce négus mystérieux et chrétien prend dans l'imagination populaire de l'Occident le visage inconnu et le nom de Prêtre Jean.

Le Prêtre Jean, au Moyen Âge, joue un peu le rôle d'un oncle d'Amérique dont personne ne sait rien, ni même s'il existe, mais dont tous les neveux ont entendu parler et dont ils attendent un coup de pouce dans les moments difficiles.

Personnage tombé du ciel, le Prêtre Jean apparaissait aux chrétiens de ce temps comme un être très puissant et très attaché à ceux qui croyaient en lui. En Syrie et en Palestine, les épreuves ne manquaient pas chez les croisés, parfois pris de découragement. C'était le moment ou jamais de le voir apparaître dans toute sa gloire sur les champs de bataille où la résistance musulmane se faisait de plus en plus forte. Et voilà qu'un jour où les choses tournaient mal dans le camp des croisés, une rumeur parvint de prisonniers musulmans : les forces de l'islam en lutte contre les chrétiens qui tenaient la plus grande partie de la côte méditerranéenne étaient attaquées sur leurs arrières par de redoutables cavaliers.

Qui étaient ces cavaliers qui tiraient leurs flèches et lançaient leurs javelots sans cesser de galoper sur leurs petits chevaux déchaînés ? Le doute n'était pas permis. C'étaient les milices célestes, c'étaient les troupes du Prêtre Jean au secours des chrétiens. Le malheur et l'ironie qui s'attachent à moi tout autant que la grandeur veulent que les cohortes salvatrices étaient celles des Mongols très peu chrétiens de Gengis Khan en train de se lancer à l'assaut du monde musulman.

« MARCHE ! MAIS MARCHE DONC ! »

J'ai beaucoup parlé des Arabes et des musulmans. Que voulez-vous ! Je n'y peux rien. Autant qu'Alexandre ou Frédéric II, j'ai aimé ce monde musulman dont la splendeur s'est étendue de Samarkand et des bords de l'Indus à Grenade et à Cordoue. J'ai été proche, à Cordoue, d'un médecin juif, Maimonide, et d'un philosophe arabe, Averroès. Proche aussi, un peu plus tôt, du côté de Boukhara et d'Ecbatane, d'un philosophe et médecin persan très savant, Avicenne, et, un peu plus tard – au temps de la peste noire, de l'avènement des Valois, du début des Ming en Chine, de Boccace à Florence –, d'Ibn Battuta.

À l'époque où les voyages étaient encore une aventure, Ibn Battuta n'est rien d'autre qu'un voyageur. Mais quel voyageur ! De Tanger, où il naît, à la Perse et à la Chine, du Moyen-Orient au Niger et au Maroc, il parcourt, à cheval ou sur un mulet, de temps en temps sur un bateau, le plus souvent à pied, une bonne partie de l'Afrique et de l'Asie de son temps. Il laisse derrière lui un *Journal de route* qui lui assure une place entre Hérodote et Patrick Leigh Fermor, entre Evelyn Waugh et Nicolas Bouvier ou Eric Newby, l'irrésistible auteur d'*Un petit tour dans l'Hindou Kouch*. Pour tout vous dire, mais j'ai horreur de me vanter, Ibn Battuta, c'était encore moi.

Depuis ma toute petite enfance, je suis un grand marcheur. Mes souvenirs les plus anciens sont des souvenirs de marche. Oui, bien sûr, je pensais, j'aimais, je faisais des projets et des mathématiques, je me mettais lentement à vivre en société. Mais surtout, je marchais.

Marcher sur mes deux pieds, la tête vers les étoiles, me distinguait des autres créatures. J'ai marché dans mes forêts d'Afrique, dans la savane, dans les déserts. J'ai marché d'un continent à l'autre, ou aux autres. J'ai quitté à pied mon Afrique natale pour me répandre en Asie, en Europe, dans les îles du Pacifique, beaucoup plus tard dans les Amériques où j'ai mené une vie secrète et recluse, ignorée de tous ceux qui prétendaient m'incarner, jusqu'à l'arrivée sur ses stupéfiantes caravelles d'un Génois espagnol.

J'ai marché pour me nourrir. J'ai marché sur des champs de bataille. Sous le soleil et sous la pluie, dans la neige et le vent, j'ai marché dans les villes, à la campagne, pour aller à l'école, pour retrouver mes amours, pour témoigner de ma foi. Sous les noms les plus divers – Ahasvérus, Laquedem, Buttadeo… –, j'ai été le Juif errant qui n'en finit jamais de se confondre avec moi.

Vous avez deviné depuis longtemps que, me succédant à moi-même, je prenais tous les masques. Plus encore que Sisyphe, que Faust, que Don Juan, le Juif errant est mon symbole, mon reflet le plus exact. Image à la fois de la misère et du mal, de la compassion et du rachat, il a intrigué le monde. On l'a vu un peu partout. On lui a consacré des livres sans fin. On l'a chanté dans toutes les langues et à toutes les époques. En Palestine, en Italie, en France, en Espagne. Et dans les Flandres :

Des bourgeois de la ville
De Bruxelles, en Brabant,
D'une façon civile
M'accostent en passant.
Jamais ils n'avaient vu
Un homme aussi barbu.

Entrez dans cette auberge,
Vénérable vieillard !
D'un pot de bière fraîche
Vous prendrez votre part.
Nous vous régalerons
Le mieux que nous pourrons.

J'accepterai de boire
Deux coupes avec vous.
Mais je ne puis m'asseoir :
Je dois rester debout.
Je suis, en vérité,
Confus de vos bontés.

Isaac Laquedem
Pour nom me fut donné.
Né à Jérusalem,
Ville bien renommée,
Oui, c'est moi, mes enfants
Qui suis le Juif errant !

J'ai été, comme vous le savez, l'oncle de Marco Polo sur la route de la soie entre Venise et Pékin. À l'époque de Justinien, très loin de Byzance, de l'Afrique, de l'Amérique encore inconnue, de votre Méditerranée, j'ai été aussi dans la peau d'un personnage inoubliable. Il s'appelait Huian-tsang. Je l'ai beaucoup aimé.

Né, cinq cents ans avant le Christ, dans le nord de l'Inde avec le grand Siddhartha Gautama, le bouddhisme met un demi-millénaire pour franchir la barrière de l'Himalaya et pour pénétrer en Chine. Cinq cents autres ans plus tard, les bouddhistes sont déjà nombreux en Chine et beaucoup d'entre eux rêvent de se rendre en Inde comme les chrétiens se rendent à Rome ou les musulmans à La Mecque. Formidable voyageur, Huiantsang quitte Changan, en Chine – que vous connaissez sous le nom de Xi'an, célèbre pour sa Grande Pagode des oies sauvages et pour son armée de soldats de terre cuite chargée de veiller sur le souvenir de l'empereur –, pour le Jambudvipa, pour le Pays de l'éléphant, pour Tianzhu, ou Xiandu, ou encore Yindu – c'est-à-dire l'Inde.

Saint Jérôme du bouddhisme, celui qu'on appelait le Maître de la loi met deux ans à gagner le bassin de l'Indus. Sur un cheval roux et maigre, à la selle vernissée, garnie de fer sur le devant, il traverse le désert de Gobi, le royaume des Ouïgours, plein de sables mouvants, de démons et de vents brûlants, la région du Syr-Daria et de l'Amou-Daria, les célèbres Iaxarte et Oxus des Anciens, qui courent l'un et l'autre sur près de trois mille kilomètres avant de se jeter dans la mer d'Aral, les massifs glacés et les défilés meurtriers de l'Hindou Kouch. Il échappe à la faim, à la sécheresse, aux tempêtes de sable, aux brigands, aux démons, aux avalanches de neige. Plus d'une fois, dans le désert de Gobi quand il laisse tomber son outre dont le contenu se répand sur le sable, sur un chemin creusé dans le roc et couvert de neige au milieu des montagnes où, à pied et saisi de vertige, il ne peut plus faire un mouvement, le désespoir le saisit. Alors, il s'arrête et récite avec ferveur, en chinois ou en sanscrit, l'un ou l'autre des textes sacrés de la sagesse bouddhique. Plus d'une fois, dans la chaleur écrasante du désert ou dans la neige qui ne cesse de tomber depuis des jours et des jours sur les hautes montagnes qu'il a le devoir de franchir, il s'écroule, épuisé. Il glisse peu à peu dans une torpeur qui va jusqu'à l'inconscience. Alors lui apparaît en songe un esprit terrifiant, haut de deux ou trois chang, armé d'une lance et d'un étendard, qui lui lance d'une voix forte : « Cesse de dormir comme tu le fais et marche comme tu le dois ! »

Après avoir rencontré tant de princes et de sages, tant de démons et de bandits, après avoir souffert de la faim et de la soif, de la chaleur et du froid, Huian-tsang parvient enfin, au bout de deux ans, à gagner le bassin de l'Indus et il passe douze années à parcourir Jambudvipa, le Pays de l'éléphant, la patrie de Rulai, l'Honorable du siècle, que vous appelez le Bouddha.

Le Maître de la loi ne cesse d'approfondir ses connaissances et sa foi : le Grand et le Petit Véhicule, les Trois Joyaux, les Cinq Défenses. Les textes sacrés en sanscrit. Avec une obstination farouche, il part à la recherche des moindres traces de l'Honorable du siècle : un os du crâne ou de la jambe, un ongle, un cheveu, une de ses trente-deux dents. En douze années, de pieux fidèles lui proposent une bonne cinquantaine de dents du Bouddha. Mais l'expérience la plus foudroyante lui vient d'un mur au fond d'une grotte dans le royaume de Nagarahara, appelé Na jie luo he par les savants chinois, non loin de Jellalabad dans l'Afghanistan d'aujourd'hui, où le Bouddha avait laissé son ombre.

Sur les pas de vos ancêtres en train de quitter l'Afrique, d'Isaac Laquedem, le Juif errant, du Chinois Huiantsang, du Marocain Ibn Battuta, de mon neveu Marco Polo, de l'enfant qui s'arrête pour rêver, du malade qui retrouve le soleil et ses forces, un cri s'élève : « Marche ! Mais marche donc ! » Tous, je les ai fait marcher dans l'espace et le temps et ils marchaient avec moi.

LA BRIOCHE DE BIANCA CAPPELLO

On me reprochera peut-être de m'être attachée d'abord aux grands hommes et aux grandes femmes – Alexandre, César, Haroun al-Rachid, Théodora, Zénobie, à Palmyre, qui a tenu tête à Rome... – et à leurs empires. C'est vrai. Dans mon parcours déjà si long, j'ai admiré ces constructions qui, jaillies du passé, bousculant le présent, donnaient une image de l'avenir. J'aurais peut-être mieux fait de « jouer collectif », comme disent nos petits-maîtres, et de m'intéresser plutôt, je ne sais pas, moi, aux grands fleuves, à la naissance de l'écriture ou des villes, à la science, à la technique, aux arts.

Les fleuves. L'Euphrate, avec la Mésopotamie. Ses premiers villages d'agriculteurs. Ses systèmes d'irrigation. Sa céramique. Kish, Ur, Uruk, Sargon d'Akkad, Lagash, Hammourabi, Gilgamesh, Khorsabad, Ninive. L'Indus avec les vieilles civilisations d'Harappa et de Mohenjo-Daro. Le Nil. Le Danube. L'écriture : les cunéiformes de Sumer, les hiéroglyphes égyptiens, les hiératiques, l'invention du zéro par un Indien de génie, Aryabhata, qui le transmettra aux Arabes qui le transmettront à l'Occident. Les villes, bien sûr. Des plus anciennes – Göbekli

Tepe ou Çatal Höyük en Anatolie, Alep, Damas, Jéricho, tant d'autres – à ces villes d'Italie d'une beauté à tomber, au charme irrésistible, et que j'ai tant aimées.

Tant aimées d'abord parce qu'elles n'avaient pas de trottoirs. Je me souviens. Je me promenais en espadrilles dans ces rues écrasées de soleil et souvent à portiques, qui n'avaient pas été construites dans la hantise et la peur des automobiles. Le bonheur m'envahissait. À Bergame, haut perchée, à Vérone, à Vicence, à Padoue, à Mantoue, à Ferrare, à Urbino, à Crémone, avec sa place somptueuse, une des plus belles d'Italie, à Pise, où se déroule dans l'église San Francesco a Ripa une étrange messe d'enterrement, organisée par une inconnue et racontée par Stendhal, à laquelle assiste, épouvanté, un séducteur qui a abandonné sa maîtresse et qui sera poignardé à la sortie de l'église, à Lucques, avec ses villas, ses églises, ses remparts et le souvenir d'Élisa, à Arezzo, où brille, aux murs de l'église San Francesco, *Le Songe de Constantin* de Piero Della Francesca, à Spolète, la tête me tourne, à Ascoli Piceno, petite ville des Marches, près d'Ancône, ignorée même des Italiens et où rôde le souvenir à moitié effacé d'un architecte de génie : Cola dell'Amatrice, à Naples, évidemment, à Ravello, chanté par Wagner, par Gide, par Styron, par Gore Vidal, à Florence, dans cette Venise où j'ai longtemps habité, oui, j'ai été heureux.

Née, dans un paysage ingrat au milieu des marais, d'un afflux de réfugiés chassés d'Aquileia, vous le savez déjà, par les Huns d'Attila, Venise est le triomphe du génie des hommes sur l'hostilité de la nature. Non, je ne vous parlerai pas de la basilique Saint-Marc qui doit son existence et son nom aux reliques de saint Marc l'évangéliste ramenées de Palestine, au risque de leur vie, par des marins vénitiens qui les avaient dissimulées sous de la viande de porc. Ni de la Douane de mer, porte de l'Occident sur tous les rêves de l'Orient. Ni de la Giudecca. Ni de l'Arsenal, cœur de la puissance militaire de Venise, avec ses lions byzantins aux inscriptions runiques laissées par des prisonniers varègues, proches parents des Vikings, qui avaient descendu vers Constantinople les grands fleuves de Russie. Ni du Rialto, fruit d'un concours entre Michel-Ange, Sansovino et Da Ponte, et remporté en fin de compte par Antonio Da Ponte, au nom prédestiné.

De Casanova, à qui Mme de Pompadour demande, en parlant de Venise : « Vous venez de là-bas ?

— De là-haut, Madame », à Byron qui traverse la lagune à la nage, de Chateaubriand qui inscrit le nom de la seule femme qu'il ait vraiment aimée sur le sable du Lido à Musset, à Ruskin, à Proust, à Morand et à tant d'autres, Venise, toujours mourante et toujours ressuscitée, chante à l'Adriatique son éternel opéra.

Un membre du Club des longues moustaches, Henri de Régnier, installé le plus souvent sous le Chinois du café *Florian*, sur la place Saint-Marc, écrit toute une série de quatrains à la gloire de la Sérénissime :

> *Car, sinueuse et délicate*
> *Comme l'œuvre de ses fuseaux,*
> *Venise ressemble à l'agate*
> *Avec ses veines de canaux.*

Ou :

> *Le soleil chauffe les dalles*
> *Sur le quai des Esclavons.*
> *Tes détours et tes dédales,*
> *Venise, nous les savons !*

Ou :

> *Au vent vif de la lagune*
> *Qui l'oriente à son gré,*
> *J'ai vu tourner ta Fortune,*
> *Ô Dogana di Mare !*

Ou encore :

> *L'eau luit, le marbre s'ébrèche,*
> *Les rames se font écho*
> *Quand on passe à l'ombre fraîche*
> *Du palais Rezzonico.*

J'ai été gondolier à Venise. Je m'appelais alors Marcantonio. Je dois l'avouer : je ramais fort, je chantais assez bien et j'étais plutôt joli garçon. Je promenais de temps en temps sur la lagune la fille d'une de ces familles hautaines de Venise : Bianca Cappello. J'ai eu de la chance : elle est tombée amoureuse de moi.

Elle habitait un palais sur le Grand Canal. J'avais un petit logement à San Pietro di Castello, derrière l'Arsenal. Elle avait seize ans. J'en avais dix-neuf. Elle n'avait pas froid aux yeux. Plus d'une fois, la nuit tombée, laissant entrouverte la porte de son palais, elle est venue me retrouver.

Un matin, de très bonne heure, je l'avais ramenée près de chez elle quand elle revint vers moi en hâte, mais avec calme, m'annoncer une nouvelle qui pouvait passer pour une catastrophe : un noctambule avait trouvé la lourde porte entrouverte et l'avait refermée. Bianca était prompte à la décision.

— M'aimes-tu ? me demanda-t-elle.

— Je t'aime, lui dis-je.

— Nous partons, me dit-elle.

Nous sommes partis aussitôt pour Florence. Je connaissais bien les tours et détours des canaux de Venise. Débarqués sur la terre ferme, nous avons sauté sur deux chevaux. Au matin, les Cappello déchaînèrent toutes les forces de police disponibles – et elles étaient nombreuses – pour nous rattraper tous les deux. Trop tard ! Nous ne mîmes pas très longtemps à parvenir sains et saufs à Florence.

À Florence, le peu d'argent que nous – elle surtout – avions emporté servit à nous installer dans un logement modeste, mais décent. Nous fûmes heureux quelques mois, quelques semaines peut-être.

Je ne chercherai pas à m'excuser. Tout ce qui s'est passé est de ma faute. Dans cette vie-là au moins, j'étais jeune, léger, insouciant. Le vin était bon à Florence. Et la vie, facile. Je m'étais fait des amis qui n'étaient pas très sûrs. Je ne travaillais pas. Bianca travaillait. Elle était très habile dans la confection des habits et elle exerçait avec un talent surprenant le métier de brodeuse. Je sortais beaucoup avec mes acolytes pour des expéditions la nuit ou des amusements qui tournaient parfois mal, et je laissais Bianca trop souvent seule. Un soir, dans un troquet derrière le Ponte Vecchio, après quelques libations, je fus pris dans une rixe et un poignard mit fin à mes misérables aventures. Je n'ai jamais cherché à savoir après ma mort si l'affaire était accidentelle ou si elle avait été préparée – et par qui ?

À l'inverse de ce que j'avais été, Bianca encore très jeune et toute seule à Florence fit preuve de courage et d'une grande dignité. Elle recevait lettre sur lettre de ses parents, de ses frères. Un mélange de menaces et de supplications. Elle répondait avec tendresse et avec fermeté. À tort ou à raison, elle avait choisi sa vie. Elle l'assumerait jusqu'au bout. Elle travaillait de plus en plus pour tenter de seulement subvenir à ses besoins qui étaient simples. Malgré sa beauté, elle ne voyait plus personne. Un petit nombre de Florentins ou quelques étrangers qui l'avaient croisée essayèrent bien de lui faire la cour. Elle les repoussa avec un sourire. Peut-être m'avait-elle aimé plus encore que je ne croyais. Je ne sais pas. Ou peut-être, ce n'est pas impossible, se faisait-elle une idée si haute de ses devoirs et de son destin qu'elle était comme contrainte de se protéger.

Bianca habitait deux pièces d'une petite maison sur la route de San Miniato. Le soir, ayant fini sa tâche, elle se mettait à sa fenêtre et regardait le soleil se coucher sur Florence. Un beau jour, elle aperçut sur la place devant sa maison un cavalier de bonne allure qui exerçait son cheval. Le spectacle n'était pas déplaisant. À un moment donné, le cavalier leva les yeux vers elle. Elle se retira aussitôt.

Le lendemain, le cavalier était là, sur la place. Le

surlendemain, aussi. Les jours suivants se passèrent sans histoire. Le cavalier avait disparu. Mais, un matin, à l'étonnement de sa logeuse, un messager, fort bien vêtu, apportait à Bianca un bouquet somptueux que n'accompagnait aucun mot. Intriguée mais vaillante, Bianca chassa de son esprit le cavalier et le bouquet, se demandant pourtant s'il y avait un lien entre eux. Un après-midi, qui était un dimanche, le cavalier reparut. Il regardait vers le balcon de Bianca qui se dissimulait derrière un rideau.

Le jour d'après, Bianca recevait chez elle la femme d'un banquier important de Florence qui venait essayer une robe qu'elle avait commandée. Au moment où elle allait repartir, Bianca jeta un coup d'œil par la fenêtre. Le cavalier était là, immobile et très calme. Elle eut un mouvement de recul. La femme du banquier le remarqua.

— Que se passe-t-il ? demanda-t-elle.

— Oh ! rien, répondit Bianca. Il y a là, sur la place, un cavalier qui vient presque chaque jour.

La dame florentine se pencha à son tour, un instant, sur le rebord de la fenêtre et se retourna brusquement avec, sur le visage, un air de stupéfaction.

— Vous savez qui c'est ? dit-elle.

— Mais… non, dit Bianca.

— C'est le grand-duc.

— Le grand-duc ?…

— Le grand-duc François. François de Médicis.

François de Médicis, grand-duc de Toscane, avait épousé Jeanne d'Autriche qui lui donna une fille, Marie. Marie de Médicis devait épouser Henri IV, dont elle eut un fils : Louis XIII. Au premier regard, François de

Médicis s'éprit à la folie de Bianca Cappello, qui était la beauté même. Il la couvrit de cadeaux, des fleurs, des vêtements, des bijoux qu'elle commença par refuser et renvoyer, avant de les accepter en désespoir de cause.

Elle devint sa maîtresse. Il y a un Dieu pour les amants. Ou de la chance, si vous voulez. Jeanne d'Autriche mourut. François, en secondes noces, épousa Bianca.

D'un caractère dissipé et léger, François de Médicis, qui aimait l'art, les collections et la chimie, n'a pas laissé un grand souvenir dans l'histoire de Florence. Le règne de Bianca Cappello, en revanche, fut assez éblouissant. Dans son *Journal de voyage en Italie*, Montaigne parle de la grande-duchesse qui le reçoit avec magnificence et bonté. La réputation de la nouvelle souveraine s'étend très vite, avec une ombre de scandale, bien au-delà de la Toscane. Les menaces et les objurgations des Cappello de Venise ne tardent pas à faire place à des larmes d'émotion et à de tendres félicitations. François aime Bianca. Et Bianca aime François. Le bonheur s'installe. Et comme moi avec Bianca, mais pour d'autres raisons, il ne dure pas très longtemps. Les conquêtes militaires, les empires, l'amour, le succès et l'échec, tout ça, c'est la même chose. Vous commencez peut-être à comprendre comment je fonctionne : tout passe, tout s'écroule.

François et Bianca n'ont pas d'héritier. Mais François a un frère, Ferdinand. Ferdinand de Médicis est cardinal et ambitieux. Les deux frères ne s'aiment guère. Ils s'évitent plutôt. Le cardinal de Médicis s'est éloigné de Florence et vit à Rome. Pour des raisons plus proches de la politique que des sentiments, vient le temps de la réconciliation. Le cardinal rentre à Florence.

Peut-être vaguement dans le style du banquet de Ravenne, une partie de chasse et des fêtes sont organisées dans l'une ou l'autre des villas témoignant de la splendeur de cette famille de banquiers enrichis qui protégeait les arts, s'alliait aux Bourbons ou aux Habsbourg et donnait à l'Église des cardinaux et des hommes d'État. François s'occupe de la chasse et Ferdinand du souper. Le soir même du banquet, François et Bianca sont emportés tous les deux dans un monde meilleur.

L'empoisonnement ne fait aucun doute. Mais était-il accidentel ou délibéré ? Je n'en sais rien : je n'ai pas de réponse toute faite aux énigmes que je propose. Dans le cas de la mort de François et de Bianca, j'incline plutôt au crime qu'à l'accident. Mais, dans cette hypothèse, deux thèses opposées s'affrontent.

La première est toute simple. Pour monter sur le trône de Toscane, le cardinal aurait empoisonné le grand-duc pendant le banquet. Adoptée par Alexandre Dumas et par beaucoup d'autres, la seconde est plus subtile et plus excitante.

Une vive inimitié opposait non seulement les deux frères, mais Ferdinand à Bianca et Bianca à Ferdinand. Persuadée des intentions meurtrières de son beau-frère, Bianca aurait pris les devants et préparé à l'intention du cardinal une brioche empoisonnée sur ses ordres par une matrone à l'allure de sorcière qui lui servait de femme à tout faire. Elle allait la tendre au cardinal avec un sourire lorsque le grand-duc, retardé par je ne sais quelle occupation, était entré en trombe :

— J'ai une faim de loup, dit-il.

Et il se jeta sur la brioche.

Bianca, nous le savons depuis Venise, était prompte à la décision. Elle avait un caractère de fer. Et elle ne manquait pas de courage. Elle voulut arrêter le geste de son mari. Mais comment le prévenir du danger qu'il courait sans s'accuser elle-même ? Les idées se bousculaient à toute allure dans sa tête. Alors, elle se leva, très droite, et elle prit elle-même une part de cette brioche qui mettait fin à leur vie et à leur amour.

Quatre jours plus tard, après un deuil de décence et de cour, et des larmes officielles, Ferdinand de Médicis abandonnait la pourpre cardinalice et succédait à son frère sur le trône de Toscane.

La brioche de la grande-duchesse illustre un problème assez simple : aurais-je pu être différente de ce que j'ai été ? Une des questions qui me sont posées le plus souvent – et Dieu sait s'il y en a !... – tient en quatre lettres : « Et si... ? »

Supposons que Bianca Cappello ait vraiment organisé le meurtre de son beau-frère. Que se serait-il passé si son mari ne s'était pas précipité sur la brioche destinée au cardinal ? Que se serait-il passé si Jules César, au dernier moment, avait renoncé à franchir le Rubicon ? Si une seule voix de majorité à la Convention nationale – celle du père de Louis-Philippe, par exemple, ou celle de Lepeletier de Saint-Fargeau, familier de la Cour – s'était déplacée en faveur de Louis XVI ? Si l'opération Barbarossa, en 1941, n'avait pas été retardée au 22 juin à cause de la résistance grecque et yougoslave aux Italiens de Mussolini et aux Allemands d'Hitler ? La réponse semble assez claire : j'aurais pu prendre un autre chemin, l'histoire aurait pu être différente.

Oui, elle aurait pu être différente. Mais elle ne l'a pas été. Elle est restée celle que nous connaissons. Ce qu'il y a de frappant dans la marche de l'histoire, c'est la nécessité absolue de l'histoire déjà faite – dont l'interprétation peut changer avec le temps, mais dont le contenu *ne varietur* est à jamais gravé dans personne ne sait quel marbre – et l'incertitude hasardeuse et béante de l'histoire en train de se faire. Ce qui les sépare l'une de l'autre, c'est votre liberté.

À chaque instant de votre vie, la moindre initiative, le moindre geste, la plus futile des décisions, le vol d'un papillon donnent le sentiment de pouvoir changer le cours de l'histoire. Impossible pourtant d'imaginer que l'histoire va n'importe où, qu'elle est un pur hasard, qu'elle est et reste à jamais accidentelle et contingente. Au-delà du hasard, sous le hasard, derrière le hasard, il y a une nécessité. Nous sommes pris dans un paradoxe qui s'ouvre sous nos yeux à la façon d'un abîme : l'histoire passée est nécessaire – et elle naît de votre liberté. Bianca était libre de manger ou de ne pas manger la brioche. Mais elle ne pouvait pas ne pas la manger. Il ne peut pas y avoir une autre histoire que celle qui a eu lieu.

Les hommes font l'histoire avec leur liberté, mais à peine l'ont-ils faite qu'elle se change en nécessité. Et l'acceptation de cette nécessité est au cœur de votre liberté. Spinoza et Hegel – on a pu dire que le hegelianisme était un spinozisme mis en mouvement – ne nous apprennent rien d'autre. L'histoire dont je vous parle et qui se confond avec moi n'est pas un cheval fou, une machine détraquée, la proie de la moindre brise et de toutes les tempêtes. Elle est une force nécessaire et cohérente qui avance vers son destin. Et la brioche empoisonnée de Bianca Cappello ne peut rien y changer. Comme le destin de chacun d'entre vous, comme la vie, comme l'univers lui-même, l'histoire est une énigme et un secret. Elle est un mystère.

La Venise et la Florence de Bianca Cappello, je m'y suis toujours rendue avec impatience et bonheur. Je n'ai jamais cessé de chanter leur splendeur. Venise, peut-être, surtout. Avec ses lois et ses légions, Rome règne sur la terre et sur les arts. Venise règne sur les arts et sur les mers avec ses flottes de commerce et de guerre. La durée de vie de Venise – un peu plus de mille ans, de son établissement dans la lagune à sa destruction par Bonaparte – ne le cède qu'à l'Égypte, aux empires de la Chine et du Japon, à l'Église catholique.

Bien avant Bianca Cappello, l'âge d'or de Venise se situe entre les deux prises de Constantinople : par le doge Dandolo d'abord, au cours de la quatrième croisade, en 1204 ; par les Turcs de Mehmed II ensuite, le 29 mai 1453. Pendant plus de deux siècles, héritière d'Alexandre le Grand, d'Omar et de Rome, la Sérénissime règne en maîtresse sur la Méditerranée. La poussée des Turcs est pour Venise comme l'annonce de son déclin. Mais le coup le plus funeste lui est porté quarante ans après la chute de Constantinople : le 12 octobre 1492, après une traversée de soixante-dix jours, Christophe Colomb découvre l'Amérique. Le cœur du monde se déplace : il passe de la Méditerranée et de l'Adriatique à l'océan Atlantique.

DU NOUVEAU SOUS LE SOLEIL

Nous sommes partis de Palos de Moguer au petit matin du 3 août de l'an de grâce 1492. Sur la *Niña*, caravelle de vingt mètres de long, avec vingt-deux hommes d'équipage ; sur la *Pinta*, caravelle où je servais : vingt-deux mètres, vingt-six marins ; et sur la *Santa María*, le vaisseau amiral, un peu plus imposant avec vingt-cinq mètres et quelque quarante hommes. Il faisait très chaud. J'avais seize ans. Et j'avais peur.

J'avais été pris au piège quelques semaines plus tôt dans une taverne de Carthagène où j'avais bu, je le crains, un peu plus que de raison. Une espèce d'agent recruteur de marine, que les scrupules n'étouffaient pas, au service de celui que j'appellerai toujours, en dépit de sa disgrâce et de ses malheurs, le vice-roi et le grand-amiral, m'avait fait signer, à force de promesses, de cajoleries, de beaux discours sur la grandeur de la marine à voiles, un bout de papier où je m'engageais à servir comme matelot à bord d'un navire qui s'appelait la *Pinta*. Ah ! malheur ! J'aurais mieux fait de rester sobre. J'ai compris assez vite que les foules ne se pressaient pas pour se lancer dans une aventure qui ressemblait à un pari fou, ou plutôt à un suicide.

L'homme qui l'avait montée, personne, en vérité, ne savait très bien qui il était ni d'où il sortait. On racontait, mais, vous le savez bien, on raconte n'importe quoi, qu'il était né à Gênes ou à Savone, où son père était tisserand. Il aurait été tisserand lui-même dans sa jeunesse, jusqu'à vingt ou vingt-cinq ans. Mais d'autres assuraient qu'il n'avait jamais été tisserand, mais plutôt corsaire, ou même pirate. Ils prétendaient qu'il avait tué un homme qui l'aurait précédé en Amérique, qu'il avait assassiné sa propre femme qui lui reprochait ce meurtre, qu'il était l'amant de la reine Isabelle la Catholique. Ils ajoutaient, à voix basse car il n'était pas bon de n'être pas catholique sous Ferdinand d'Aragon et Isabelle de Castille, qu'il était peut-être juif. Allez savoir. Ce qui était clair comme de l'eau de roche, c'était son obstination. Il avait une idée fixe. Il voulait traverser l'océan Atlantique pour rejoindre par l'ouest – et non plus par l'est comme mon neveu Marco – Cipango, l'ancien Japon, et Cathay, le royaume légendaire de Kubilay.

Il n'avait pas réussi à convaincre de ses projets le roi du Portugal. Mais Leurs Majestés très catholiques le soutinrent. Elles le nommèrent grand-amiral et vice-roi de toutes les terres qu'il pourrait découvrir au cours de son voyage. Et l'aventure commença.

Les géographes se doutaient bien, depuis les Grecs, depuis Ptolémée à Alexandrie et même avant et ailleurs, que la Terre était ronde. Mais le commun des mortels, les petites gens – et même de grands esprits, tel Tertullien – avaient du mal à imaginer que la pluie, aux antipodes, tombait de bas en haut et à comprendre comment les gens de l'autre côté de notre sphère pouvaient vivre la tête en bas. Beaucoup sur la *Niña*, la *Pinta*, la *Santa María* n'étaient pas persuadés que la mer était ronde. Mais, enfin, ils s'en remettaient au grand-amiral avec un mélange de fatalisme et de confiance.

Madère, les Açores, les Canaries étaient déjà connues. Tous mes compagnons espéraient qu'au-delà une île ou une autre apparaîtrait bientôt et ne serait que la première d'un long chapelet qui constituerait la fameuse Atlantide que les Anciens – et c'étaient non seulement des savants, mais de fameux navigateurs – situaient au-delà des Colonnes d'Hercule, c'est-à-dire de Djebel Tarik.

Les départs en mer sont toujours un enchantement. C'est après que les choses se gâtent. Quand les éléments se déchaînent, quand le mât de misaine se brise, quand le scorbut se déclare. Les premières heures furent plutôt gaies. La mer était belle et calme. La bonne humeur régnait. Et une espèce d'excitation devant l'inconnu. Soudain, le vent se mit à souffler. Assez rare à cette époque de l'année, une tempête se leva. Elle ne fit guère de dégâts. Le soleil revint, implacable. Les jours passaient lentement. Ils se changèrent en semaines.

Au bout de trois ou quatre semaines de navigation, un peu de lassitude et comme une sorte d'impatience s'abattirent sur l'équipage. Nous avions des vivres et de l'eau pour deux ou trois mois – mettons deux mois et demi. Au bout d'un mois et demi, l'impatience et la lassitude se transformèrent lentement en inquiétude pour les plus forts, en désespoir pour les plus faibles.

De vieilles légendes revenaient à l'esprit de tous. Sur les cartes de l'époque figurait souvent, du côté de l'Afrique ou du nord de l'Asie, la mention : *terra incognita*. À l'ouest des cartes marines de l'Atlantique encore vierges apparaissaient parfois des poissons géants, des monstres, des abîmes. Dans les conversations sans fin des matelots, le soir, avant de prendre un peu de repos, après quelques rasades d'un vin bon marché, les délires avaient beau jeu. Au bout de l'océan, il y aurait de grandes murailles d'eau, un feu éternel, des anges armés d'épées, des créatures atroces, le vide, l'enfer, rien.

Un peu moins de cinq cents ans plus tard, j'allais participer à une aventure du même genre : la mission Apollo et, le 20 juillet 1969, le débarquement sur la Lune de mes compagnons Neil Armstrong et Edwin Buzz Aldrin. L'événement le plus formidable depuis l'invention de l'écriture et la naissance du Christ : ils ont marché sur la Lune !

Je n'ai pas foulé moi-même le sol de la Lune. Le monde entier connaît les noms d'Edwin et de Neil. J'étais le troisième. Il fallait bien que quelqu'un restât dans la capsule en orbite ; c'était moi. Nous ne savions pas, au départ, si nous pourrions arriver. Un accident peut toujours se produire. Nous étions courageux, nous étions des héros. Mais nous savions où nous allions.

Les matelots de base, les mousses, les gabiers – j'étais gabier – de la *Niña*, de la *Pinta* et de la *Santa María*, eux, ignoraient où ils allaient et ne savaient même pas si quoi que ce soit existait là où ils allaient. Et, même dans le succès, Christophe Colomb et les siens ignoraient encore où ils étaient et se trompaient sur ce qu'ils avaient découvert.

Deux mois interminables après le départ de Palos, il

n'y avait toujours que la mer, la mer, toujours recommencée. Pas la moindre trace de terre. Les vivres s'épuisaient. L'eau se faisait rare. La révolte grondait. Le soir, sur le ponton, dans les profondeurs du navire où nous dormions, les plus décidés s'enhardissaient : ils allaient exiger que les trois bâtiments reviennent en arrière vers l'Espagne avant qu'il ne soit trop tard. L'amiral eut du mal à rétablir un peu d'ordre.

Le 12 octobre à trois heures du matin, soixante-dix jours après notre départ de Palos de Moguer, j'avais été désigné par le contremaître comme vigie pour quelques heures. Je m'étais installé de façon plus ou moins confortable entre le petit cacatois et le petit perroquet et je scrutais la nuit en sommeillant à moitié. Un grand silence m'entourait, à peine rompu par le bruit des vagues et du vent.

Tout à coup, vers l'est, sur l'horizon, le soleil se leva. À l'ouest, j'aperçus au loin – j'avais de bons yeux – comme une brume. Je me demandai si un orage se préparait. Et soudain je compris que cette brume au loin, c'était une terre. J'hésitai un instant. Et puis, de toutes mes forces, dégringolant vers le pont, je poussai le cri que nous attendions tous depuis des jours et des jours :

— Terre ! Terre !

Deux ou trois heures plus tard, nous abordions.

Une plage, du sable, quelques palmiers, un paysage désolé. Plus tard, beaucoup plus tard, je devais apprendre que nous avions découvert les Bahamas. Un bonheur fou, une joie, une exaltation sans bornes s'emparaient de nous tous. Beaucoup pleuraient. Tous riaient. La plupart se jetaient à terre et remerciaient Dieu de sa bonté.

Nous nous embrassions les uns les autres et le vin, que nous tâchions d'économiser ces derniers temps, se mettait à couler. Nous étions venus à bout du défi, nous avions gagné la bataille la plus décisive de l'histoire de l'humanité.

L'amiral décida de ne pas nous reposer trop longtemps sur ce premier triomphe. Nous remîmes les voiles et nous abordâmes successivement à deux terres nouvelles : Cuba, d'abord, puis Haïti, que l'amiral baptisa Hispaniola.

Au cours de nos débarquements successifs, nous étions tombés sur des indigènes. Notre surprise fut grande de les voir dans des habits si éloignés des nôtres et de les écouter prononcer des paroles auxquelles nous ne comprenions rien. Les plus savants d'entre nous s'étaient demandé si le grec, le latin et l'araméen, qui était la vieille langue du Christ, ne pourraient pas nous aider dans nos échanges. Des essais dans ces différents idiomes ne donnèrent aucun résultat.

À force de frapper la terre en prenant un air interrogatif, quelques-uns d'entre nous crurent comprendre que les habitants du pays où nous étions parvenus lui donnaient le nom de Cuba ou Kubal ou Kubila. Ce fut comme un trait de lumière dans l'esprit des plus intelligents de nos compagnons : nous avions, bien entendu – l'expression était de circonstance –, débarqué sur la terre de Kubilay, cette Chine de légende que nous espérions tant atteindre.

Nos rapports avec les indigènes pourraient fournir la matière d'interminables volumes. Si leur aspect nous avait étonnés, notre apparition soudaine à bord de nos navires les avait précipités, eux, dans une sorte de stupeur. Je fus très vite persuadé qu'ils nous prenaient pour des dieux, pour des personnages célestes venus d'un autre monde – ce qui n'était pas tout à fait faux. Nous n'avions rien de céleste – ils s'en aperçurent sans trop tarder –, mais nous venions, en effet, d'un autre monde dont ils n'avaient aucune idée et qu'ils ne pouvaient même pas imaginer. Nos chevaux surtout les plongeaient dans des abîmes de méditation. Nous en avions pris quelques-uns sur nos navires et l'aspect de nos capitaines avec leurs armures et sur leurs montures prenait à leurs yeux un éclat fabuleux.

Des trocs, des échanges, des cadeaux mutuels s'organisèrent bientôt entre eux et nous. Ils nous offraient des étoffes, des boissons, des parfums – et de l'or. Nous leur donnions des verroteries, des outils, des babioles de couleur. Dans les rires, le plus souvent, dans la confiance, et parfois dans la méfiance et dans la violence.

Je suis au regret de reconnaître que plusieurs d'entre nous, et sans doute beaucoup, abusèrent de la sidération et de la naïveté des indigènes qui nous avaient accueillis avec crainte et bienveillance.

Tuer un indigène entraînait peut-être chez nous une réprobation et un blâme, mais jamais une sanction. Les viols étaient chose courante et ils prêtaient à rire. Je ne parle pas ici du vice-roi. Christophe Colomb était un homme intéressé par l'or comme les autres, mais pacifique et doux, dont les indigènes n'eurent pas trop à se plaindre. Sous ses successeurs en revanche, les Cortez, les Pizarre et les autres, la vie des indigènes, que nous appelions les Indiens puisque nous pensions avoir débarqué en Chine ou aux Indes, devint quelque chose comme un enfer.

Les Zapotèques, les Mayas, les Chichimèques, les Aztèques étaient loin d'être des saints. Ils s'y connaissaient en violence et en brutalité. Mais, enfin, ils étaient chez eux. Nous étions venus troubler leur existence et leurs croyances. Il faudra attendre cinquante ans après le vice-roi et moi pour qu'un homme magnifique, un dominicain, le père Bartolomé de Las Casas, prenne enfin la défense des Indiens contre l'oppression avide des conquérants espagnols. Il les dénonce dans un livre célèbre : *Très brève relation de la destruction des Indes.*

Tout ce qui est dit ici à propos de ce grand peuple conquérant qu'étaient les Espagnols, dont le rôle en Europe a reposé sur le pillage de l'or des Indiens, pourrait être répété à propos de l'anéantissement des Indiens par les Américains d'origine anglaise quelque trois cents ans plus tard et quelques centaines de kilomètres plus au nord.

La découverte du Nouveau Monde est un épisode bouleversant de l'histoire des hommes. L'équilibre du monde change. Sa figure se modifie. Je commence ma vie moderne. Mais une cinquantaine d'années avant le cri que je poussai du haut de la *Pinta*, dans la ville plutôt calme de Strasbourg, très loin de toute forme d'aventure, dans le silence de la technique, se déroulait un événement d'apparence modeste et plus important encore que l'épopée des caravelles et la découverte de l'Amérique : l'invention de l'imprimerie.

BONHEUR, TRAVAIL,
POUVOIR, PROGRÈS

Pas plus que vous je n'ai connu, ni même approché, Gutenberg. Mais, avant d'être dépassée et oubliée, son invention a joué, pendant des siècles, un tel rôle dans mes vies que son nom m'est devenu familier. Chaque jour, presque à chaque heure, je profite de sa révolution qui a changé mon existence et fondé le monde moderne.

Johannes Gensfleisch, qui avait pris et illustré le nom de sa mère, est né et mort à Mayence. Mais des troubles l'avaient incité à chercher refuge à Strasbourg. C'est là qu'autour de 1440 il invente le procédé de composition et d'impression sur des caractères mobiles et des clichés en relief que nous appelons imprimerie ou typographie.

Les Chinois, qui sont aussi à l'origine de la poudre et des feux d'artifice, connaissaient le papier depuis le IIe siècle et avaient inventé dès le IXe une imprimerie rudimentaire qui utilisait des caractères de bois. L'Égypte et l'Europe ne disposaient que du papyrus, issu d'une plante, puis du parchemin et du vélin, peaux de chèvre ou de mouton traitées pour l'écriture. Le papyrus était fragile, le vélin était cher. Gutenberg, qui s'était occupé de joaillerie et de la taille de pierres précieuses, se servit de caractères mobiles en alliage qui imprimaient sur du papier. Le procédé connut aussitôt un succès foudroyant. Il semble que quinze à vingt millions de livres, appelés incunables, aient été imprimés avant 1500. Utilisant le latin, la plupart étaient des livres religieux. Et, parmi eux, la fameuse Bible dite Bible à quarante-deux lignes, publiée en 1455. Reproduisant le texte latin de la Vulgate de saint Jérôme, elle constitue le premier des « best-sellers ».

Cinquante ans plus tard, Martin Luther affiche sur la porte de l'église de Wittenberg les quatre-vingt-quinze thèses où il attaque le trafic des indulgences et fonde ainsi la Réforme, illustrée par trois écrits : *À la noblesse chrétienne de la nation allemande, La Captivité de Babylone* et *De la liberté du chrétien*. Le protestantisme qui allait jouer le rôle que vous savez en France, en Europe et dans le monde entier est lié à l'invention de l'imprimerie par Gutenberg.

J'ai aimé les livres plus que tout. Avec les cunéiformes, avec la Torah, avec les hiéroglyphes, avec Homère, avec le Nouveau Testament, avec le Coran, l'écriture n'avait pas attendu Gutenberg pour s'emparer des esprits et des cœurs. Mais l'imprimerie lui donne une puissance jusque-là inégalée. Les inscriptions des Égyptiens, les tablettes et les rouleaux des Grecs et des Romains, les manuscrits enluminés des moines dans leurs couvents – qu'Umberto Eco allait chanter dans *Le Nom de la rose* – étaient d'un usage incommode et peu faciles à manier et à consulter. L'imprimerie met des textes innombrables – et d'abord les Livres saints – à la portée du grand nombre. Elle facilite le retour en arrière que les tablettes et les rouleaux ne permettaient guère. Elle fixe l'orthographe. Elle établit des intervalles et des césures dans des écrits qui n'en comportaient pas et qui n'étaient pas aisés à déchiffrer. Elle jette les bases d'une démocratie culturelle.

L'imprimerie donne le départ à une catégorie d'objets culturels nomades d'une utilisation aisée : les livres. Dans mes jeunesses innombrables et successives, j'ai lu des livres dans des couvents, sur des plages, sur des bateaux, dans des trains, dans de vastes fauteuils, dans des bibliothèques qui étaient leurs cathédrales, à l'ombre des tilleuls, dans des lits où je n'étais pas toujours seule, à l'école, dans le travail et pour le plaisir. Mes vies se sont confondues avec les livres. Les bibliothèques et les librairies ont été mon destin. Vivre, pour moi, pour tous les *moi* où je me suis glissée les uns après les autres, c'était d'abord lire un livre.

UN VOYOU ET TROIS GÉANTS

La chute de Constantinople, l'invention de l'imprimerie, la découverte de l'Amérique marquent la fin du Moyen Âge. Encore une fois – après la domestication du feu, après les débuts de l'agriculture et de la ville, après l'écroulement de l'empire d'Alexandre, après la fin du monde antique –, quelque chose de nouveau s'annonce dans l'avenir : avec ses papes et ses écrivains, avec Jules II, avec l'Arioste et le Tasse, avec ses peintres et ses sculpteurs, avec Brunelleschi, Donatello, Masaccio, Uccello, Botticelli à Florence, avec les Bellini, Carpaccio, Giorgione, Titien, Palladio à Venise, avec Piero Della Francesca, Pisanello, les trois Sangallo, Bramante, Raphaël, Michel-Ange, avec le Collège de France et la Pléiade en France, avec sa philologie et ses assurances, avec ses drames aussi : l'invasion des Français en Italie et le sac de Rome par Charles Quint et le connétable de Bourbon en 1527 – qui va favoriser, éclatante illustration de la *serendipity* et joli paradoxe, le développement artistique et culturel de bon nombre de villes italiennes –, la Renaissance éclate comme un fruit mûr, une grenade, un tremblement d'âme.

C'est par le petit bout de la lorgnette que j'ai contemplé

cette explosion qui rappelait avec évidence le temps de Périclès, de Platon, de Sophocle, d'Hérodote à Athènes. Tous ces génies tumultueux qui se bousculent entre la fin du XVe siècle et le début du XVIe sont trop grands pour moi. Je les admire – peut-être surtout Carpaccio et Piero Della Francesca – mais je ne les connais pas. Sauf un des plus illustres d'entre eux – et peut-être, avec Raphaël et Michel-Ange, le plus illustre de tous : Titien.

L'histoire de ma rencontre avec Titien est curieuse. Je m'étais lié – faut-il dire : pour mon malheur ? – avec un poète satirique, un trublion, un voyou de talent, un maître chanteur : l'Arétin. Nous courions ensemble les tavernes et les filles. Il était gai et drôle. Il était hardi et méchant. Il ne craignait pas de s'attaquer à des puissants de ce monde qu'il tourmentait et qui finissaient le plus souvent par l'acheter – assez cher – ou par le menacer et lui faire peur. Alors il se calmait parce qu'il était aussi lâche que vénal. Il faut reconnaître qu'en dépit de cette lâcheté il lui arrivait de viser assez haut.

Après avoir lutté contre François Ier, Charles Quint avait défié Soliman le Magnifique qu'il combattit, sans grand succès, jusque sur ses terres africaines, à Tunis et à Alger. L'Arétin s'était moqué de l'empereur et de ses échecs africains dans quelques-uns des poèmes qu'il envoyait un peu partout en Europe. Au lieu de le traiter à la façon de plusieurs grands seigneurs qui l'avaient terrifié en lui promettant mille supplices et la mort, Charles Quint lui avait fait parvenir une chaîne d'or de cent ducats, somme considérable à l'époque. L'Arétin ne se faisait pas prier pour montrer ce collier au premier venu en ajoutant : « Voilà un bien petit présent pour une si grande sottise. » Il se vantait d'ailleurs de gagner deux ou trois mille ducats par an à la seule force de son encrier.

Le Tintoret et Titien avaient peint l'un et l'autre à Venise une *Présentation de la Vierge au Temple*. Avec sa marchande d'œufs accroupie au pied de l'escalier monumental où le grand prêtre attend la frêle enfant, celle de Titien est dissimulée dans un coin perdu de l'Académie de Venise. Celle du Tintoret, vous pouvez la voir, en face du fameux *Veau d'or*, dans le chœur de la Madonna dell'Orto, au-delà du Ghetto.

Par rivalité ou pour quelque autre raison, une brouille avait opposé le Tintoret à Titien. L'Arétin avait pris parti pour Titien, son ami, et attaqué le Tintoret dans un de ses libelles. Le Tintoret l'invita chez lui à souper et, la dernière bouchée avalée, sortit son pistolet. L'Arétin tremblait de tous ses membres.

— Qu'allez-vous faire ? bégaya-t-il.

— Je prends vos mesures, dit le Tintoret.

Et il précisa d'un ton sec :

— Vous mesurez quatre pistolets et demi.

L'Arétin ne se le fit pas dire deux fois : il ne s'attaqua plus jamais au Tintoret. Il resta l'ami intime de Titien qui fit de lui un portrait où se révèlent la force, le cynisme, l'insolence du poète qui porte le collier de Charles Quint. C'est l'Arétin qui me présenta à Titien dans un casino plutôt mal famé où il m'avait invité et où je tombai sur eux deux. Quinze jours plus tard, je devenais le valet du peintre et, sinon son ami, du moins son homme de confiance.

Je l'admirais beaucoup. Ses portraits d'hommes, sa *Flora*, ses *Vénus*. Et peut-être surtout ses tableaux religieux : dans le chœur des Frari, à Venise, la célèbre *Assomption* ou, dans la même église, à gauche, la *Madone Pesaro*, avec la Vierge, saint Pierre, muni de ses clés, saint François, saint Antoine, un sénateur en rouge, la famille Pesaro au complet – Ca' Pesaro est un des palais les plus connus sur le Grand Canal – et, témoignage de puissance et de gloire, le trophée d'un drapeau turc pris à l'ennemi.

J'ai accompagné Titien dans plusieurs de ses voyages triomphaux en Europe – chez le pape, chez Alphonse d'Este ou Frédéric de Gonzague, chez le roi d'Espagne, chez François Ier et chez Charles Quint. Je portais ses bagages et son attirail de peintre.

Je me souviens d'un matin inoubliable à Augsbourg où, juché sur un échafaudage qui lui permettait de peindre sa fresque au plafond, Titien avait laissé tomber son pinceau. Charles Quint, qui assistait au travail de l'artiste ou qui passait par là, ramassa le pinceau et le tendit à Titien dégringolé en hâte de son échelle au risque de se casser le cou, en lui disant :

— Je peux faire autant de ducs et de princes que je veux, mais qui me rendrait un Titien ?

Je pensais, en l'écoutant, à la lettre de Philippe de Macédoine annonçant à Aristote la naissance d'Alexandre. Je comprenais peu à peu que les philosophes et les peintres, les poètes et les musiciens étaient plus grands que les conquérants.

Titien, vous vous en souvenez, devait mourir de la peste à Venise autour de ses quatre-vingt-dix ans. Il a expiré entre mes bras. J'ai recueilli son dernier soupir.

GUERRE ET PAIX

À l'époque où Bramante, Raphaël, Sangallo et Michel-Ange triomphent à Rome et Giorgione, Titien, le Tintoret, Véronèse à Venise, où Machiavel écrit *Le Prince* à Florence, où Dürer grave *L'Apocalypse*, où Jérôme Bosch peint le triptyque du *Jardin des délices*, où *L'Éloge de la folie* d'Érasme est publié à Paris, des événements formidables se produisent dans le nord de l'Inde, entre l'Himalaya et le Deccan.

Une centaine d'années après les conquêtes et la mort d'Alexandre, la dynastie maurya et surtout l'empereur Asoka avaient déjà réussi à unifier l'ensemble de l'Inde, de l'Afghanistan au Deccan. Asoka était un guerrier redoutable qui avait fait couler des flots de sang. Après une bataille très dure qui avait laissé sur le terrain beaucoup de morts et de blessés, il s'était converti au bouddhisme qui commençait à se répandre en Inde, et le conquérant impitoyable s'était changé en un souverain puissant, bienveillant à l'égard de tous et tolérant. Il avait fait graver ses édits, imprégnés de justice et de modération, sur des pierres ou des colonnes semées à travers tout le pays. Les colonnes d'Asoka sont restées célèbres tout au long des siècles. Après la mort d'Asoka et la fin de la dynastie maurya, l'Inde avait connu de longues périodes de morcellement, encore aggravé, six ou sept cents ans plus tard, par la pression de l'islam à partir de la Perse et de l'Afghanistan.

Vers la fin du xvᵉ siècle et le début du xvıᵉ, un conquérant du nom de Babur, originaire du Turkestan, descendant de Gengis Khan, arrière-petit-fils de Tamerlan, s'empare successivement de Samarkand et de l'Afghanistan, puis, franchissant la passe de Khyber à la tête de dix mille cavaliers, de la ville de Peshawar et de tout le nord de l'Inde. Il livre à Panipat une des grandes batailles de mon histoire militaire, bat Ibrahim, dernier sultan de la dynastie afghane des Lodi, est contraint de lutter tout à tour contre ses frères, s'installe à Agra et fonde un des empires les plus célèbres de tous les temps. Il est le premier des Grands Moghols, une dynastie légendaire de guerriers et de bâtisseurs qui vont régner sur l'Inde pendant plus de trois cents ans et que j'ai servis fidèlement.

Babur, le conquérant, laisse l'empire à son fils, Humayun, qui doit se battre à son tour contre ses deux frères et qui roule, lui aussi, de conspiration en répression et de défaite en victoire avant de régner sur Agra et sur Delhi, où un admirable tombeau rend son nom immortel.

Avec plus ou moins de talent et de succès, avec plus ou moins de violence ou d'humanité, Babur et Humayun sont tous les deux des hommes de guerre. Mais l'un et l'autre aiment la culture et les lettres. Babur laisse des *Mémoires* bien connus et, s'intéressant à l'histoire et à la géographie, écrivant lui-même des poèmes, Humayun possède parmi ses trésors et ses pierreries deux globes terrestres auxquels il tient. Sa mort relève encore en quelque sorte de l'amour de la littérature : il tombe dans l'escalier de sa bibliothèque et se tue. Il laisse un fils qui sera un grand empereur et un des souverains les plus attachants que j'aie jamais connus : Akbar.

On me reprochera de me répéter et je m'en voudrais d'insister. Mais j'ai admiré et aimé Akbar autant qu'Alexandre le Grand et le Hohenstaufen.

Akbar a treize ans à la mort d'Humayun. La légende veut que, gravement malade et condamné par les médecins, Akbar ait été sauvé par son père qui aurait offert aux puissances célestes sa vie contre celle de son fils. Dès son plus jeune âge, Akbar donne la mesure de ses talents. Peut-être dyslexique, il ne sait et ne saura jamais ni lire ni écrire. Mais sa mémoire, son intelligence, sa volonté sont exceptionnelles. Il en fournit la preuve très vite en rejetant à dix-huit ans la tutelle du régent qui lui avait été imposé. Et il lutte aussitôt, comme son père et son grand-père, à la fois contre ses rivaux afghans et contre ses adversaires hindous. En dépit de toute une série de complots et de rébellions, son génie militaire lui permet de régner bientôt sur un empire qui s'étend de l'Afghanistan et de la Perse jusqu'au Bengale et des abords de l'Himalaya à une bonne partie du Deccan.

À vingt ans à peine il entreprend de réformer de fond en comble l'organisation politique et économique de ses États. Une pyramide de pouvoirs monte jusqu'à lui qui décide de tout et descend vers les différentes régions administrées par des hommes de confiance. Un système d'impôts étonnamment moderne est mis en place et fonctionne.

À l'extrême rigueur d'un régime personnel et autoritaire répond, chez Akbar, une surprenante tolérance. À l'égard des hommes, des idées, des religions. Il était musulman. En Inde surtout, l'islam avait longtemps combattu et asservi des populations qui se partageaient entre bouddhistes et hindouistes. Akbar ne cesse jamais de montrer une sympathie active envers toutes les religions. Il épouse lui-même une princesse hindoue. Il ne se contente pas d'assurer l'égalité entre les différentes croyances de l'Inde. Il accueille aussi avec bienveillance au moins trois missions de jésuites. J'appartenais à l'une d'elles et, quand mes compagnons quittèrent l'Inde pour retourner chez eux, je décidai de rester aux côtés d'Akbar qui me témoignait de la bonté. Il finit d'ailleurs – je n'ose pas dire : sous mon influence – par renoncer à l'islam autour de quarante ans et par fonder une religion monothéiste et panthéiste qui empruntait à l'islam, au bouddhisme, à l'hindouisme et au christianisme. Il en sera jusqu'à sa mort le chef spirituel et temporel.

Comme Alexandre, comme Frédéric, Akbar était amical et cruel, bienveillant et implacable. Bienveillant pour les Afghans, bienveillant pour les Hindous. Et implacable pour les uns et pour les autres quand ils ne se pliaient pas à sa volonté.

Non loin d'Udaipur et de son lac où j'ai été si heureux s'élevait, dans un site magnifique et sauvage, la ville-forteresse de Chittorgarh qui était la capitale d'un royaume rajput. Descendant probablement des Huns, les Rajput constituaient un clan orgueilleux et guerrier, très attaché à son indépendance. Babur, une première fois, s'était heurté à sa résistance. Il avait assiégé la ville et il avait fini par l'emporter. La garnison rajput se fit tuer jusqu'au dernier, se lançant au-devant des piques et des flèches. Les femmes se précipitèrent dans le vide.

Un demi-siècle plus tard, Chittorgarh, reconstruite et repeuplée, s'opposa de nouveau à l'empire des Grands Moghols. Akbar fit encercler la ville. Après un siège interminable, Chittorgarh tomba à nouveau. Et, à nouveau, tous les hommes furent massacrés. Et les femmes, pour échapper aux vainqueurs, se jetèrent dans les flammes. Akbar était vainqueur, mais les Rajput et leurs femmes étaient entrés dans la légende.

Ce guerrier impitoyable qui, à la différence de son père et de son grand-père, n'a jamais rien écrit et ne savait pas lire était curieux de tout et aimait la culture. Il s'intéressait à l'histoire, à la géographie, à l'astronomie, à l'architecture. Il avait fait sortir du sol, à une quarantaine de kilomètres d'Agra, une ville nouvelle construite en grès rouge et dont il allait faire sa capitale : Fatehpur-Sikri.

Le Rajasthan compte toute une série de villes d'une grande beauté et d'un charme indicible : Delhi, Agra, Jaipur, Jodhpur, Udaipur, Jaisalmer... Fatehpur-Sikri est peut-être la plus séduisante d'entre elles.

Aux environs de Mantoue, une petite ville italienne, Sabbioneta, l'ancienne capitale des Gonzague, offre, avec ses églises, ses palais, son théâtre olympique, une sorte de résumé ou d'anthologie de l'architecture italienne du XVIe siècle. Fatehpur-Sikri donne l'image réduite mais fidèle de l'architecture et de l'art des premiers Grands Moghols.

C'est dans son palais de Fatehpur-Sikri que je me suis

le plus souvent entretenu avec Akbar de philosophie et d'histoire. Il se faisait lire les textes arabes, latins ou grecs qu'il ne pouvait pas déchiffrer et il les commentait devant moi : puisque je parlais depuis longtemps les trois langues, je lui servais d'interprète et de résonateur.

De temps en temps, Akbar, qui était un homme d'action et de décision rapide, tombait dans des crises intellectuelles et mystiques qui le ravageaient. Il en sortait plus fort et plus résolu. Après avoir fondé sa propre religion qui devait beaucoup à nos discussions sur le sens de l'univers et le destin des hommes, une sorte d'apaisement lui vint. Il savait très bien qu'il prenait place, aux côtés d'Alexandre le Grand, de Ts'in Che Houang-ti, dont il connaissait le nom et l'histoire, de César et d'Auguste, de Frédéric Barberousse et de Frédéric II, de Charles Quint, son aîné de cinquante ans, sur qui, à la fin de sa vie, il m'interrogeait sans se lasser, parmi les géants de ce monde.

À la mort d'Akbar, son fils Selim lui succède et prend le nom de Jahangir. À la mort de Jahangir, son fils Shah Jahan lui succède. À la mort de Shah Jahan, son fils Aurangzeb lui succède. Ce ne sont que batailles, vengeances et meurtres – notamment entre frères et entre pères et fils. Shah Jahan fait construire, aux environs d'Agra, le Taj Mahal à la mémoire de sa femme. Sous le règne d'Aurangzeb, l'empire se disloque. La lignée des Grands Moghols aura donné un grand nom : Akbar.

TRIOMPHE D'UNE LANGUE

Comme je suis amusante et tragique, toujours diverse et toujours semblable à moi-même ! Au temps où Akbar, non content de gagner toutes ses guerres, fait, d'une poigne de fer, régner la paix dans les Indes, les guerres de religion se déchaînent en Europe ; la flotte de Venise, du pape, de l'Espagne, sous le commandement de don Juan d'Autriche, écrase la flotte ottomane à Lépante ; dans le sillage de Copernic, Kepler et Galilée découvrent les lois de l'univers ; Palladio construit ses théâtres, ses villas, ses églises à Venise : San Giorgio Maggiore et le Redentore ; le Greco peint *L'Enterrement du comte d'Orgaz* ; après une vie tumultueuse et brève qui ferait un beau roman, le Caravage meurt de la malaria à Porto Ercole ; Montaigne écrit ses *Essais* ; le Tasse, sa *Jérusalem délivrée* ; Cervantès, *Don Quichotte* ; et Shakespeare, ses tragédies, ses comédies, ses grandes fresques historiques.

Je m'affole un peu. On dirait – illusion peut-être ? – que les événements se précipitent et se bousculent. C'est que l'imprimerie, en se répandant, a facilité les rapports entre les hommes et ne cesse de faire naître de nouvelles occasions de rencontres et d'action. Certains parlent d'une « accélération de l'histoire ». La formule a plus de succès que de sens. Le temps ne court pas plus vite. Ce qu'il y a, pour tout dire en un mot, c'est que de plus en plus d'individus ont de plus en plus de chances de communiquer entre eux et que le changement commence déjà à devenir plus rapide. Les talents éclosent comme des fleurs. Et, tout à coup, je me multiplie, je me dépasse et je brille de mille feux.

Après Vasco de Gama et Magellan, le globe terrestre s'apprivoise et s'unifie. Akbar me parle de Charles Quint, et François Ier ou Henri VIII n'ignorent pas l'existence d'un Empire moghol quelque part en Asie. S'embarquer pour les Indes ou pour les Amériques constitue pourtant encore une aventure peu banale qui comporte des risques et même des dangers. Une femme ou une jeune fille qui voit partir pour ces destinations lointaines son mari ou son amoureux est à peu près certaine de ne jamais le revoir. Quand Magellan entreprend avec cinq vaisseaux le premier tour du monde, au cours duquel il trouvera la mort, un seul d'entre eux rentre en Europe. Pour que les choses changent vraiment, il faudra attendre Paul Morand qui fait dire à une mère s'adressant à son fils en partance pour l'Inde qu'il devrait emporter un casse-croûte au cas où il ne pourrait pas revenir aussitôt à la maison.

Moi, j'avance peu à peu. Je vieillis. Je deviens nombreuse. Longtemps, il ne se passait presque rien dans un monde où les hommes étaient encore en petit nombre et où le passé n'existait presque pas : il n'y avait pas d'histoire. Je me mêlais à la légende. Et puis je suis arrivée. Je montais en puissance. Avec l'écriture d'abord, avec l'imprimerie ensuite. En attendant l'électronique et le numérique. Je me souvenais. Je faisais le tri dans un passé qui grossissait. Je n'étais pas débordée. Je progressais à petits pas. Les enfants pouvaient presque tout savoir de moi. Voilà que la tâche devient difficile. Les temps viennent où il me sera impossible de raconter aux écoliers la masse toujours croissante de mes aventures et de ma vie. D'autant plus que je me mettais à reconstruire les temps que je n'avais pas connus pour la bonne raison que je n'y étais pas et que personne n'y était. Je change de visage et d'allure. Une histoire nouvelle va apparaître : l'histoire de l'univers avant l'homme. Il y aura trop de matière et trop de choses à apprendre. Il faudra bien faire un choix de plus en plus douloureux. On finira par me négliger, ou, pire, par m'oublier. Je serai devenue trop importante. Mon succès m'aura tuée.

Je n'en suis pas là. Pour le moment, je me prépare à regagner la France où le bon roi Henri, de grande et illustre mémoire, vient d'être assassiné. Jusqu'ici, vous avez pu le constater, et peut-être vous en étonner, je me suis très peu occupée de la France. Pas de Clovis, pas de Brunehaut ni de Frédégonde – et pourtant !… – pas de Charles Martel et même pas de Jeanne d'Arc ni de Charles le Téméraire. La malédiction des Valois, ce n'est pas mon affaire. J'étais prise ailleurs. Ce qui se passe en France, des Celtes et des druides aux guerres de religion, est du plus vif intérêt – au moins pour les Français – mais n'est pas très important au regard de l'histoire universelle. Comparées à Cléopâtre, à Galla Placidia, à Théodora, à Élisabeth d'Angleterre, à Christine de Suède, à la Grande Catherine, et même à Marie-

Thérèse d'Autriche ou à la reine Victoria, les reines de France – sauf, peut-être, Aliénor d'Aquitaine, mais même Blanche de Castille, Anne de Bretagne ou Catherine et Marie de Médicis – ne pèsent pas très lourd. Leur liste, si souvent récitée par cœur, grâce à l'excellence – jadis – de nos écoles publique et privée, non seulement par les étudiantes françaises mais par de jeunes femmes roumaines, libanaises, haïtiennes ou brésiliennes, n'a qu'un intérêt local. Il en est de même pour nos rois, y compris les plus grands. Philippe Auguste, Saint Louis, Philippe le Bel ou Louis XI jouent un rôle plutôt mineur au regard d'Alexandre, de César ou d'Auguste, de Ts'in Che Houang-ti, de Théodoric et de Justinien, d'Haroun al-Rachid, de Frédéric II, de Gengis Khan et de Tamerlan, de Soliman le Magnifique ou d'Akbar.

Et puis, soudain, voilà la France de François Ier et d'Henri IV, puis de Louis XIII et de son fils encore enfant qui deviendra Louis XIV au premier rang de l'Europe qui est au premier rang du monde. Je débarque. Que s'est-il donc passé ?

L'affaire n'est pas politique. Elle n'est pas militaire. Elle n'est pas économique. Politiquement et militairement, l'Espagne enrichie par l'or des Amériques et l'Autriche des Habsbourg – d'ailleurs unies par Charles Quint en une puissance formidable – tiennent le haut du pavé. En ce qui concerne l'économie, l'Angleterre, reine des mers – aidée par la tempête, Élisabeth Ire l'a emporté sur les cent trente navires de l'Invincible Armada de Philippe II –, et les Pays-Bas créent, chacun de leur côté, la Compagnie anglaise des Indes orientales et la Compagnie hollandaise des Indes orientales. Dans ces deux pays se développent les assurances et les premières Bourses. Ils sont maîtres du jeu. La France, elle, va briller d'abord dans le domaine de la langue et de la culture.

En 1539 se produit chez vous, les Français, un événement d'apparence modeste mais aussi important, et peut-être plus important, que la victoire de Marignan, la défaite de Pavie, les traités de Madrid, de Cambrai, de Crépy, le Camp du Drap d'or ou l'alliance contre les Habsbourg avec les protestants d'Allemagne et avec Soliman le Magnifique : par l'édit de Villers-Cotterêts, François Ier remplace le latin par le français dans toutes les activités publiques, les jugements, les actes notariés, les certificats d'état civil, naissances, mariages ou décès.

La langue française était, bien entendu, déjà utilisée depuis longtemps, dans la vie courante comme à la Cour, par la masse des Français. Mais elle était concurrencée, d'un côté, par les parlers régionaux – le picard, le normand, le breton, l'occitan, le provençal... – et, de l'autre, par le latin. Le latin était utilisé non seulement par l'Église et dans les actes publics, mais encore par le monde savant. À la fin de la Renaissance, la langue française triomphe.

Elle triomphe dans l'administration. Elle triomphe surtout dans la poésie et dans la littérature. Dix ans après l'édit de Villers-Cotterêts paraît sous la signature de du Bellay la célèbre *Défense et illustration de la langue française*. De Malherbe à Maynard, à Théophile de Viau, à Saint-Amant et à Tristan l'Hermite surgit toute une cohorte de poètes souvent enchanteurs. Mais deux grands noms surtout illustrent la poésie et la prose françaises : Ronsard et Montaigne.

La série éblouissante commence. Il m'est de plus en plus difficile d'être partout à la fois. Je n'avais jamais rencontré Michel-Ange ni Babur. Je n'ai pas connu Montaigne. Il naît l'année même du succès du *Pantagruel* de Rabelais. Il est encore élevé en latin. Insatiable lecteur, il est nourri de culture grecque et latine. Et, dans ses *Essais*, il enseigne en français un scepticisme, un relativisme et un goût du naturel qui vont marquer profondément, hors de France comme en France, les esprits et l'art de vivre et qui annoncent la pensée moderne. Écoutez-le : « Je parle au papier comme je parle au premier que je rencontre. Le parler que j'aime, c'est un parler simple et naïf, tel sur le papier qu'à la bouche, un parler succulent et nerveux, court et serré, non tant délicat et peigné comme véhément et brusque. »

Je n'ai pas été liée avec Montaigne. Ronsard, en revanche, je ne voudrais pas me vanter, mais je suis très attachée à la vérité, a été un ami. Et un peu plus qu'un ami. Aussi serai-je partiale à son égard. En ce temps-là, mon nom était Hélène de Surgères. J'appartenais à ce que nos adversaires appelaient, avec une nuance de réprobation, « l'escadron volant » de la reine. J'étais dame d'honneur de Catherine de Médicis. Mes amis parlaient avec indulgence de ma beauté et de mon esprit. J'étais pourtant plongée dans la tristesse et même le désespoir. Je venais de perdre dans la guerre civile qui faisait rage l'homme que j'aimais, le capitaine des gardes Jacques de La Rivière. Il était beau et charmant. Il n'était pas poète, mais il portait l'épée avec grâce et élégance. Je crois que c'est la reine elle-même qui, dans sa bonté, avait incité M. de Ronsard à m'écrire des vers pour me consoler de mon chagrin. Ces vers étaient ravissants.

Grand ami de M. du Bellay et de plusieurs autres poètes regroupés dans une société d'écrivains appelée, si je me souviens bien, la « Pléiade », M. de Ronsard, à mes yeux au moins, était déjà vieux : il approchait de ses cinquante ans. Et, comme M. du Bellay, il était sourd. La rumeur courait qu'il avait aimé une jeune fille, presque une enfant, du nom de Cassandre. Puis une Angevine de quinze ans, Marie, qui était morte après lui avoir brisé le cœur en décidant de se marier. À la mort de Marie, il avait écrit des vers déjà célèbres de mon temps :

> *Pour obsèques, reçois mes larmes et mes pleurs,*
> *Ce vase plein de lait, ce panier plein de fleurs,*
> *Afin que, vif et mort, ton corps ne soit que roses.*

À mon tour, il me disait des roses. Je lui résistais. Je me souviens d'un soir de printemps, dans les jardins des Tuileries à peine sortis de terre ou dans une galerie du Louvre d'où nous découvrions au loin les hauteurs de Montmartre et les champs d'alentour. Il se montrait un peu pressant et essayait de me convaincre :

> *Maîtresse, embrasse-moi, baise-moi, serre-moi,*
> *Haleine contre haleine, échauffe-moi la vie,*
> *Mille et mille baisers donne-moi, je te prie.*
> *Amour veut tout sans nombre, amour n'a point de loi.*

Je pensais à Jacques. Je lui répondais avec douceur :
— Non, Pierre, non… Je ne peux pas.

Alors, c'était une autre chanson :

Quand vous serez bien vieille, au soir, à la chandelle,
Assise auprès du feu, dévidant et filant,
Direz, chantant mes vers et vous émerveillant :
Ronsard me célébrait du temps que j'étais belle.

Lors, vous n'aurez servante, oyant telle nouvelle,
Déjà sous le labeur à demi sommeillant,
Qui au bruit de mon nom ne s'aille réveillant,
Célébrant votre nom de louange immortelle.

Je serai sous la terre et, fantôme sans os,
Par les ombres myrteux je pendrai mon repos ;
Vous serez une vieille au foyer accroupie,

Regrettant mon amour et votre fier dédain.
Vivez, si m'en croyez, n'attendez à demain :
Cueillez dès aujourd'hui les roses de la vie.

Ronsard, comme Malherbe – «Ce que Malherbe écrit dure éternellement» –, ne doutait pas de son avenir. Les classiques, pourtant, le jugeront trop asservi à Pindare et à Pétrarque. Ils se détourneront de lui. Pendant deux siècles, il sera méprisé et oublié. Boileau lui préfère Malherbe ; « Enfin, Malherbe vint… » Et Voltaire est dur pour mon admirateur et ami : « Ronsard gâte la langue en transportant dans la poésie française les composés grecs dont se servaient les philosophes et les médecins. Personne en France n'eut plus de réputation de son temps que Ronsard. C'est qu'on était barbare dans le temps de Ronsard. »

Trois siècles plus tard, justice sera rendue à mon pauvre Pierre maltraité non seulement par Cassandre, par Marie et par moi, mais par la postérité. Le bon vieux Sainte-Beuve, ou, si vous préférez, l'affreux Sainte-Beuve, sous sa calotte et dans ses pantoufles dont je me souviendrai plus tard avec amusement, lui consacre de belles pages dans son *Tableau de la poésie française* et même de jolis vers :

> *Qu'on dise : Il osa trop, mais l'audace était belle ;*
> *Et de moins grands depuis eurent plus de bonheur.*

Avec Ronsard, avec Montaigne, avec Malherbe s'ouvrent déjà les prémices d'une époque qui peut rivaliser avec l'Athènes de Périclès, avec la Rome de Virgile et d'Horace. Ce qui se passe en France dans les deux derniers tiers du XVIIᵉ peut être appelé à bon droit le miracle français.

LE GÉNIE ET LA GLOIRE

Quelle époque ! Deux géants portent la langue de Ronsard et de Malherbe sur les fonts baptismaux de la postérité : Corneille dans la poésie et Pascal dans la prose.

Tout est grand chez Corneille – et tout est nouveau. La Renaissance avait placé la poésie, les essais, l'érudition à un haut degré d'excellence. Le théâtre, en revanche, attendait Pierre Corneille.

Après cinq comédies et une tragédie qui n'auraient pas suffi à le faire passer à la postérité, *Le Cid*, si jeune, si vif, si fier, connaît un succès prodigieux. C'est le premier de ces coups de tonnerre et de théâtre dont la littérature française, plus tard, avec *Andromaque*, ou *Génie du christianisme*, ou les *Méditations poétiques*, ou *Cyrano de Bergerac*, ne sera pas avare. Du jour au lendemain, Corneille n'est pas seulement célèbre : il entre vivant dans la gloire.

Ce triomphe n'est pas du goût de tout le monde. Deux ans avant *Le Cid*, pour servir la langue et surveiller les écrivains dont il faut toujours se méfier, le cardinal de Richelieu avait fondé l'Académie française. Pour fêter ses débuts, la jeune institution produit des *Sentiments de l'Académie sur Le Cid* où elle est bien obligée de reconnaître, avec une sorte d'étonnement, « l'agrément inexplicable » du chef-d'œuvre acclamé par les foules. Pour le reste, elle fait la fine bouche et chipote d'un bout à l'autre. Les *Sentiments de l'Académie* en face du *Cid*, ce sont les vieillards éberlués en face de la beauté radieuse de Suzanne.

Le public, lui, ne s'y trompe pas. La formule « beau comme *Le Cid* » passe à l'état de proverbe. Et Boileau écrit dans ses *Satires* :

> *En vain contre* Le Cid *un ministre se ligue.*
> *Tout Paris pour Chimène a les yeux de Rodrigue.*

Horace et *Cinna* ajoutent encore à la renommée de Corneille. Mais deux chefs-d'œuvre surtout, très différents l'un de l'autre, mettent le comble à sa gloire. Quelques mois à peine après *Le Cid*, *L'Illusion comique*, modèle, d'une subtilité toute moderne, du théâtre dans le théâtre, donne un autre exemple de virtuosité et de brio, servis par un style étincelant. Et, mettant en scène des sentiments chrétiens, *Polyeucte* est, avec *Le Cid*, la plus forte et la plus belle des tragédies de Corneille.

POLYEUCTE
Je vous aime
Beaucoup moins que mon Dieu, mais bien plus que moi-même.

PAULINE
Au nom de cet amour, ne m'abandonnez pas.

POLYEUCTE
Au nom de cet amour, daignez suivre mes pas.

PAULINE

C'est peu de me quitter, tu veux donc me séduire ?

POLYEUCTE

C'est peu d'aller au ciel, je vous y veux conduire.

PAULINE

Imaginations !

POLYEUCTE

Célestes vérités !

PAULINE

Étrange aveuglement !

POLYEUCTE

Éternelles clartés !

PAULINE

Tu préfères la mort à l'amour de Pauline !

POLYEUCTE

Vous préférez le monde à la bonté divine !

PAULINE

Va, cruel, va mourir ; tu ne m'aimas jamais !

POLYEUCTE

Vivez heureuse au monde et me laissez en paix.

Je n'emploie pas souvent la formule : « sublime ». Pour Homère, peut-être – quand Hector, partant se battre, tend son fils Astyanax, effrayé par son casque, à sa femme

Andromaque qui « le reçoit sur son sein avec un rire en larmes » –, pour Hugo, pour Chateaubriand, de temps en temps... Ici, le mot s'impose.

Le ressort du théâtre de Corneille, et d'abord du *Cid* et de *Polyeucte*, c'est l'héroïsme et l'admiration. La fameuse opposition entre l'honneur et l'amour ne prend son sens que dans cette élévation. C'est Péguy, plus tard, qui dira tout l'essentiel ; chez Corneille, « l'honneur est aimé d'amour, l'amour est honoré d'honneur. L'honneur est encore un amour et l'amour est encore un honneur ».

Mme de Sévigné, qui préférera toujours Corneille à Racine – «Racine passera comme le café », écrit-elle, doublement mauvais prophète –, lisait avec bonheur les poèmes religieux de l'auteur de *Polyeucte* :

> *Parle, parle, Seigneur, ton serviteur écoute ;*
> *Je dis ton serviteur, car enfin je le suis.*
> *Je le suis, je veux l'être, et marcher dans ta route*
> *Et les jours et les nuits.*

Ou :

> *Au grand jour du Seigneur, sera-ce un grand refuge*
> *D'avoir connu de tout et la cause et l'effet,*
> *Et ce qu'on aura su fléchira-t-il un juge*
> *Qui ne regardera que ce qu'on aura fait ?*

Quand Thomas Corneille remplace son frère à l'Académie française – je suis là, dans la salle, membre de cette Compagnie sous le nom de Callières ou de Potier de Novion, je ne sais plus, qui, comme presque tous les autres et à toutes les époques, ne dit plus rien à personne –, il est reçu par Racine. L'auteur d'*Andromaque* et de *Bérénice* qui avait tant fait souffrir l'auteur du *Cid*, de *L'Illusion comique* et de *Polyeucte* prononce un bel éloge du théâtre de Corneille.

J'aurais beaucoup voulu connaître Blaise Pascal qui est génial, savant, libertin et sceptique jusqu'à trente et un ans et qui meurt à trente-neuf. À trois ans, il perd sa mère. À six ans, il trace à la craie des figures géométriques sur le parquet. À seize ans, il rédige un *Essai pour les coniques* où, d'après le père Mersenne, le correspondant et l'ami de Descartes, « il passait sur le ventre de tous ceux qui avaient traité le sujet ». À vingt-cinq ans, il est dissipé et futile. Après un Archimède enfant, il est un Rimbaud mondain. Un accident de voiture sur le pont de Neuilly lui fait voir la mort d'assez près. Il se convertit et, en huit ans, il se hisse à la hauteur de saint Augustin et des Pères de l'Église.

Un Père de l'Église turbulent et un peu particulier. Il se lie avec les solitaires de Port-Royal, se voue au jansénisme et écrit *Les Provinciales* où il attaque les jésuites, dont le pouvoir n'est pas mince, avec une violence qui fait un bruit de tonnerre. Pascal est la piété et la subversion mêmes. Œuvre d'un écrivain catholique, *Les Provinciales* annoncent déjà l'ironie des Lumières.

Les Provinciales auraient suffi à sa gloire. Mais Pascal n'en est qu'à ses débuts. Il prépare un grand livre sur la défense de la religion. Ce grand livre, il ne le finira jamais. Mais ses matériaux, les notes qu'il a prises, les plans qu'il a imaginés, des indications et des schémas divers constituent ce que vous appelez les *Pensées*.

Les *Pensées*, où l'homme est à la fois un « imbécile ver de terre » et toute la grandeur du monde, un rebut et une gloire, un « cloaque d'incertitude et d'erreur » et le « dépositaire du vrai », « un néant à l'égard de l'infini, un tout à l'égard du néant, un milieu entre rien et tout », sont un recueil de fragments fulgurants et un manuel de propagande religieuse. Elles font de Pascal un grand prosateur religieux, le plus grand sans doute entre Thomas d'Aquin et Chateaubriand.

Pascal n'est pas seulement un écrivain catholique. Comme Bossuet, comme Bloy, comme Péguy, comme Claudel, il est un catholique qui écrit pour convaincre. Mais son génie est tel qu'il ne s'adresse plus seulement aux croyants. Il s'adresse à tous ceux qui s'interrogent sur le mystère de l'existence. Pascal, c'est Montaigne revu à la lumière des Béatitudes.

Pascal est un géomètre, un physicien, un mathématicien, un polémiste, un théologien, un philosophe. C'est un génie universel. C'est aussi et surtout un écrivain et un styliste dont la place est immense dans cette littérature qu'il méprisait. Corneille dans le théâtre et la poésie, Pascal dans la polémique et la prose portent à la perfection la langue de Montaigne, de Ronsard et de Malherbe. Ils ouvrent la plus grande époque de la littérature française. Le décor est planté. Le spectacle commence. Le miracle peut se produire.

UN MIRACLE

Ce miracle, j'y ai pris part. Oh ! bien modestement. Je n'étais pas une de ces belles dames qui se disputaient M. de La Fontaine. Je n'étais pas une de ces comédiennes illustres qui passaient des bras de M. Corneille à ceux de M. Molière pour finir dans ceux de M. Racine. Non. J'étais serveuse à *La Pomme de pin.*

La Pomme de pin était, avec *Le Mouton blanc,* la taverne la plus courue de la montagne Sainte-Geneviève. Je m'y suis presque liée avec ceux que j'appelais « la bande des quatre ». Ils venaient un jour sur deux ou sur trois s'y enivrer de vin et de poésie. Les quatre étaient MM. de La Fontaine, Molière, Boileau et Racine. Les deux plus vieux étaient La Fontaine et Molière, les deux plus jeunes – d'une bonne quinzaine d'années, je crois –, Boileau et Racine.

Je vais vous dire : ils étaient jeunes et charmants. Gais, polis, très simples. Ils se croyaient inséparables avant de se séparer, et parfois se détester. Ils m'appelaient par mon prénom – Margot – et ils me couvraient de baisers. Il fallait, de temps en temps, que je me défende un peu. Mais jamais rien de violent, ni même de déplacé.

Ces messieurs savaient vivre. Je les aimais en bloc, tous les quatre.

Le plus irrésistible à mes yeux était M. de La Fontaine. C'était le plus vieux en âge et le plus jeune en paroles et en comportement. Il m'a dit : « Appelez-moi Jean. » Je n'ai jamais osé. Mais j'aurais bien fait, s'il avait insisté, un bout de chemin avec lui.

Nous avions, à *La Pomme de pin,* une espèce de livre d'or où, entre deux commentaires sur le rôti et les vins, les clients attitrés mettaient quelque pensée. J'ai conservé les lignes, trop indulgentes à mon égard, écrites par M. de La Fontaine.

Quatre amis dont la connaissance a commencé par le Parnasse ont lié une espèce de société que j'appellerais académie si notre nombre avait été plus grand et que nous eussions autant regardé les muses que le plaisir. La première chose que nous avons faite, c'est de bannir entre nous les conversations réglées et tout ce qui sent sa conférence académique. Quand nous nous trouvons rassemblés autour de la belle Margot à *La Pomme de pin* et que nous avons bien parlé de nos divertissements, si le hasard nous fait tomber sur quelque point de science ou de belles-lettres, nous profitons de l'occasion. C'est toutefois sans nous arrêter trop longtemps à une même matière, voltigeant de propos en autre comme des abeilles qui rencontreraient en leur chemin toutes sortes de fleurs. L'envie, la malignité, ni la cabale n'ont de voix parmi nous. Nous adorons les ouvrages des Anciens, ne refusant point à ceux des Modernes les louanges qui leur sont dues. Nous parlons des nôtres avec modestie et nous nous donnons des avis sincères lorsque quelqu'un de nous tombe dans la maladie du siècle et fait un livre, ce qui arrive rarement.

J'aimais beaucoup M. de La Fontaine. Lui aimait Ésope, et Horace, et Phèdre, et parfois Marot ou Rabelais. Loin des discours prétentieux, il était, autant que je me souvienne, tout cela est déjà un peu vieux, un égoïste plein de tendresse, un épicurien à l'ancienne qui passait, de temps en temps, par des accès de tristesse. Un soir où ils avaient bu tous les quatre un peu plus que de coutume, il m'a parlé longuement d'un Indien appelé Pilpay qui aurait écrit *Le Livre des lumières* et dont j'ignorais jusqu'au nom. Il le mettait aussi haut qu'Ésope, ce qui n'est pas peu dire. Le même soir, avant de partir, il était de bonne humeur, il m'a griffonné quelques vers que j'ai gardés avec soin :

J'aime le jeu, l'amour, les livres, la musique,
La ville et la campagne, enfin tout : il n'est rien
Qui ne me soit souverain bien,
Jusqu'au sombre plaisir d'un cœur mélancolique...

Papillon du Parnasse et semblable aux abeilles,
À qui le bon Platon compare nos merveilles,
Je suis chose légère et vole à tout sujet.
Je vais de fleur en fleur et d'objet en objet.

Et j'aime de Margot le sourire assassin,
Ses hanches, ses cheveux, son regard et son sein.

Quand M. de La Fontaine vint à mourir, M. Racine était à son chevet pour recueillir ses derniers mots et son dernier soupir. Sachant mes sentiments pour l'auteur de ces *Fables* qui ont donné tant de bonheur aux enfants et à leurs parents, M. Racine eut la bonté de venir jusqu'à *La Pomme de pin* me raconter dans les larmes – les siennes et les miennes – la fin de ce paresseux très actif, de ce distrait si attentif, de cet ami du plaisir et des femmes que Dieu n'aura pas eu le courage de rejeter loin de lui.

Ce qu'il y a d'intéressant avec moi, vous l'avez déjà remarqué, c'est que, servante à *La Pomme de pin*, je suis en même temps l'histoire universelle. Je connais l'avenir comme je connais le passé. Et je suis seule, je crois, à connaître l'un et l'autre. Je n'ignorais rien de l'avenir de Ronsard. Et je sais que les *Fables* de M. de La Fontaine seront condamnées pour immoralité par Rousseau et par Lamartine mais sauvées par les enfants.

Je sais bien aussi que des romantiques aux surréalistes, M. Boileau aura passé pour un emmerdeur, un pion, un pédant, un régent de collège, qui vous tape sur les doigts et ne jure que par les règles. Moi qui l'ai bien connu, je voudrais rétablir la vérité. Il était drôle, aimable, charmant, d'un commerce délicieux. Et il passait son temps à rire. Au moins à *La Pomme de pin* où il venait trois fois par semaine.

Ce qui lui a nui dans la postérité, c'est la vie officielle et la Cour : sur la recommandation de Mme de Montespan qui, comme tous les Mortemart, avait bien de l'esprit, il est nommé historiographe du roi. Les institutions ne valent rien pour les écrivains qui ont presque toujours avantage à n'être de rien ni à rien – et peut-être rien. M. Boileau aurait pu s'écrier, comme Cioran bien plus tard : « J'ai connu toutes les formes de déchéance, y compris le succès. »

Historiographe du roi, l'audace, l'insolence, la liberté lui échappent. Sa carrière officielle commence. Il entre à l'Académie où ses attaques lui ont valu beaucoup d'ennemis, mais dont le roi lui-même, qui s'est longtemps opposé au contraire à l'élection de M. de La Fontaine, trop indépendant à ses yeux, lui ouvre la porte. Ses nouvelles fonctions lui permettent d'acheter à Auteuil, non loin de Paris, une maison de campagne où il aime jardiner. Et – toute médaille a son revers – il chante en courtisan les victoires de Louis XIV :

Grand roi, cesse de vaincre, ou je cesse d'écrire.

Il trouve pourtant encore le moyen de s'amuser et d'exercer son ironie :

Comment en vers heureux assiéger Doësbourg,
Zutphen, Wangeninghen, Hardevic, Knotzenbourg ?

Avant de devenir puissant lui-même, M. Boileau avait passé ses premières années – celles de *La Pomme de pin* – à attaquer les puissants, ceux qui avaient le vent en poupe, ceux qui étaient à la mode. Les Chapelain, les Quinault, les Desmarets. Tous des poètes à protecteur, « trottant de cuisine en cuisine », « vendant au plus offrant leur encens et leurs vers ». Ils sont tous oubliés. La postérité, du coup, aura l'impression erronée que Boileau mène des combats gagnés d'avance. C'est le contraire qui est vrai. Il était libre et courageux et il prévoyait l'avenir. Il

152

préférait ses trois amis de *La Pomme de pin* aux imposteurs portés par un snobisme toujours à l'affût dans la France cultivée et qui n'avait pas fini d'exercer ses ravages.

Il y a eu trois malheurs dans la vie de M. Boileau. La légende assure que, dans sa petite enfance, un dindon, après l'avoir attaqué, lui aurait pour ainsi dire mangé le pénis. Cette mauvaise langue d'Helvétius, qui rapporte l'histoire dans son livre *De l'esprit*, prétend trouver dans ce drame le motif de l'aversion de M. Boileau pour les jésuites : ce sont les jésuites qui ont importé en France la race brutale des dindons.

Le deuxième malheur est la faveur du roi. Le troisième est beaucoup plus banal, tous les hommes le connaissent, mais c'est le plus cruel : il meurt. Dans le succès. Dans la célébrité. Dans une espèce de gloire qui lui coûtera très cher. Le polémiste ironique et libre des débuts est devenu un poète-lauréat, un poète officiel.

Boileau meurt le dernier de la bande des quatre amis. J'ai assisté à ses obsèques où se pressait une foule énorme. J'ai entendu un badaud s'étonner : « Il avait bien des amis... on raconte pourtant qu'il disait du mal de tout le monde. »

De tout le monde... peut-être, mais jamais de La Fontaine, de Molière ni de Racine.

J'ai beaucoup aimé La Fontaine. J'étais – modestement – l'amie de Boileau, si indulgent pour moi. Molière
et Racine sont peut-être plus grands encore. Ils ont, l'un
et l'autre, porté au plus haut le génie de la langue de
Ronsard et de Malherbe.

Je me souviens de ma stupeur quand j'ai appris, à *La
Pomme de pin,* que M. Molière ne s'appelait pas Molière.
Il s'appelait Jean-Baptiste Poquelin. Où était-il allé pêcher
ce nom de Molière ? En dépit de mon insistance, peut-
être exagérée, il n'a jamais voulu me confier son secret.
L'a-t-il livré à l'un ou l'autre de ses amis ? Je n'en sais rien.

Le père de M. Molière était tapissier et valet de
chambre du roi. Avec « survivance » – c'est-à-dire que
la fonction était héréditaire. Mais, comme beaucoup de
jeunes gens, Jean-Baptiste a une passion. Cette passion
est le théâtre. Il renonce à une existence toute faite
et rangée, il envoie tout promener et fonde sa propre
troupe. C'est l'Illustre Théâtre. Il part pour de longues
tournées dont il me parlait souvent à l'état de projets,
attablé à *La Pomme de pin* en attendant ses amis.

Il partait avec deux comédiennes dont les seuls noms

suffisaient à me faire rêver quand je servais ces messieurs ou quand je lavais leurs verres : Madeleine Béjart et Marquise Du Parc. J'ai su très vite que « Marquise » n'était pas un titre mais un prénom devenu surnom. Ce sont alors des aventures sans fin. Théâtrales et sentimentales. Des rebondissements en cascade. Les choses vont à une allure d'enfer. Successivement, Corneille, déjà âgé – il a soixante-deux ans –, et Racine, qui vient d'écrire *Andromaque*, tombent amoureux de Marquise. Racine la fauche à Molière qui finira par épouser la sœur de Madeleine avec qui il a vécu – ses ennemis disent : sa fille. Armande Béjart est de vingt ans plus jeune que lui et lui en fait voir de toutes les couleurs.

Avec, à leur tête, l'archevêque Péréfixe et le président Lamoignon, les prudes et les dévots, qui sont puissants à la Cour et qui combattent les libertins, l'accusent d'inceste avec Armande et lui promettent le bûcher. La vie de M. Molière est, inextricablement, un triomphe continu tant devant le roi – qui est parrain de son fils – que devant le public et un combat permanent, dont il me parle avec gaieté et un peu de tristesse, contre ses adversaires.

M. Molière, qui avait commencé par écrire et jouer de grosses farces, ne reculait pas, sur scène, devant des grimaces et des contorsions qui scandalisaient la Cour et enchantaient le public. Charlot, beaucoup plus tard, devait me rappeler les déhanchements et les pieds en dedans qu'affectionnait Molière. Dix ans durant, il alterne les grands chefs-d'œuvre – *Les Précieuses ridicules, L'École des femmes, Le Tartuffe, Dom Juan, Le Misanthrope, Le Bourgeois gentilhomme, Les Femmes savantes...* – et les pitreries condamnées même par son ami Boileau :

Dans ce sac ridicule où Scapin s'enveloppe,
Je ne reconnais pas l'auteur du Misanthrope.

L'opposition entre les deux genres si différents où il déployait ses talents a fait naître un soupçon : Corneille ne serait-il pas le véritable auteur des grandes comédies de Molière qui ne peuvent pas avoir été écrites par un amuseur de bas étage et où figurent un certain nombre d'expressions propres à la Normandie ? La thèse, peu vraisemblable, a été défendue avec vigueur et obstination par beaucoup de bons esprits, parmi lesquels, au premier rang, l'auteur, trop méconnu, des *Chansons de Bilitis,* de *Pervigilium mortis,* de *Trois filles de leur mère* et d'un *Manuel de civilité pour les petites filles à l'usage des maisons d'éducation* à ne pas mettre entre toutes les mains, et surtout pas les leurs : Pierre Louÿs.

À peu près à l'époque où je lui verse son vin à *La Pomme de pin,* l'auteur du *Tartuffe,* de *Dom Juan,* du *Misanthrope* hisse la comédie, qui était un genre mineur et un peu méprisé, à la hauteur d'Aristophane et de Plaute. Pour mieux marquer que la nouvelle comédie atteint à la dignité des tragédies les plus admirées, Molière ne cesse de jouer Corneille en même temps que Molière. Abandonnant l'extravagance des féeries et interventions célestes qui constituaient avant lui le fond des comédies, il peint la réalité et fait de la vérité le ressort du théâtre. C'est une révolution.

M. Molière parlait souvent à ses amis des courtisans, des séducteurs, des hypocrites, des pédants, des fâcheux –

Sous quel astre, bon Dieu, faut-il que je sois né,
Pour être de fâcheux toujours assassiné !
Il semble que partout le sort me les adresse,
Et j'en vois, chaque jour, quelque nouvelle espèce.

– qu'il se proposait de dépeindre. Ce qu'il aimait, c'était le naturel. Je me souviens d'une de ses formules qu'il avait lancée au terme d'une discussion passionnée sur le théâtre comique : « Vous n'avez rien fait si vous n'y faites reconnaître les gens de votre siècle. »

Comme je me suis amusée avec lui ! Jusqu'aux larmes. Jusqu'à cette quatrième représentation de son *Malade imaginaire* à laquelle j'ai assisté, grâce à lui, dans un coin et où la fiction devenant réalité met fin à la fois à sa carrière d'auteur et d'acteur et à son existence. Comédien et martyr, il meurt sur la scène. Il a cinquante et un ans.

Au moment où Molière triomphe, Racine, après *Andromaque*, après *Bérénice*, après *Iphigénie*, est lui aussi, miracle, au sommet de la gloire. En dépit de Mme de Sévigné, il devient peu à peu le rival victorieux de Corneille. J'ai beaucoup entendu mes quatre amis discuter sans fin des mérites comparés de Corneille et de Racine et établir entre eux deux un parallèle dont je suis bien incapable de reproduire les détours et les subtilités. Le peu dont je me souvienne se résume à quelques formules attrapées au vol pendant que j'apportais à ces messieurs leur coup de rouge ou de blanc : Corneille, si je ne me trompe, c'est un théâtre d'hommes avec des femmes ; Racine, c'est un théâtre de femmes avec des hommes. Chez Corneille, la volonté l'emporte sur la passion ; chez Racine, la passion l'emporte sur la volonté. Corneille nous montre des héros triomphants ; Racine, des victimes condamnées. Pour Corneille, la tragédie est une grande aventure héroïque qui peut finir bien ; pour Racine, c'est une aventure personnelle et intime qui ne peut finir que mal. Ils ajoutaient, je crois, mais je ne comprenais pas bien, que Corneille, c'était les jésuites. Et Racine, les jansénistes.

C'est seulement plus tard que les choses me sont devenues un peu plus claires. Racine avait été élevé par des maîtres jansénistes grâce à qui ses héros, et surtout ses héroïnes, seront livrés pieds et poings liés aux fureurs de la passion et aux horreurs de l'amour. Frottés aux puissants de ce monde, les jésuites avaient appris à Corneille que l'homme est libre et que son destin dépend de lui. Les héroïnes de Corneille, et surtout ses héros, dominent leurs passions et décident de leur avenir. Napoléon, je m'en souviens, préférera toujours Corneille à Racine dont il déplore « l'éternelle fadeur ». Corneille, au contraire, il aurait voulu le faire prince.

La lutte pathétique entre Corneille et Racine donne une idée de l'altitude où se situe cette époque. *Pulchérie* marque le déclin de l'auteur du *Cid* – dont le succès prodigieux est bientôt oublié – et de l'admirable *Polyeucte*. Malheureusement pour lui, *Agésilas* et *Attila*, épinglés par Boileau –

> *Après l'*Agésilas,
> *Hélas !*
> *Mais après l'*Attila,
> *Holà !*

– voient le jour à peu près en même temps qu'*Andromaque*. Corneille ne fait plus le poids en face de Racine qui l'affronte sur le terrain même de Rome : *Mithridate* connaît un succès d'autant plus éclatant qu'il coïncide avec l'échec de *Pertharite*. *Bérénice* de Racine et *Tite et Bérénice* de Corneille sont présentés la même année. Racine fait oublier Corneille qui nous donnera pourtant encore un chef-d'œuvre : *Suréna*, dont M. Boileau, qui avait tant attaqué Corneille vieillissant, me récitait, presque en cachette, les vers qu'il admirait :

> *Que tout meure avec moi, Madame ! Que m'importe*
> *Qui foule après ma mort la terre qui me porte ?*
> *Quand nous avons perdu le jour qui nous éclaire,*
> *Cette sorte de vie est bien imaginaire,*
> *Et le moindre moment de bonheur souhaité*
> *Vaut mieux qu'une si froide et vaine éternité.*

Ou, plus surprenant encore dans la bouche du poète de la maîtrise de soi :

> *Je cherche le silence et la nuit pour pleurer.*

Il y a quelque chose de déchirant dans le naufrage de l'auteur du *Cid*, éclipsé par son jeune rival. Les troubles du cœur l'emportent sur l'héroïsme et sur la volonté, la pitié sur l'admiration, l'horreur sur la grandeur. Moi, la servante de la taverne – peut-être parce que j'étais aussi l'histoire qui se souvient des grands hommes et des monuments en péril –, j'avais un faible pour l'idole de notre marquise, pour le grand vieillard, abattu par l'âge et par l'air du temps, dont M. Racine, parfois encouragé par M. Boileau, se moquait avec une cruelle allégresse.

J'ai été moins liée avec M. Racine qu'avec La Fontaine ou Molière. Ah ! bien sûr, il était charmant et il aimait les femmes. Mais disons la vérité : il me traitait moins bien que les trois autres. Ce n'est pas lui qui m'aurait dit de l'appeler « Jean ». Ce n'est pas lui qui m'aurait griffonné quelques vers. Il était sûr de lui et se montrait à mon égard souvent plutôt dédaigneux et toujours indifférent. La rumeur courait, mais je n'en sais rien, qu'il avait trahi ses maîtres jansénistes comme il lui arrivait de trahir ses amis. À mon avis, son caractère était moins plaisant que ceux de La Fontaine ou de Molière. Mais, plus que personne, il avait du génie.

Ses premières pièces ne cassaient pas trois pattes à un canard. Mais les suivantes ! Il ne me donnait pas des places comme M. Molière, je ne manquais pourtant jamais d'aller les voir. Je les lisais. Je les admirais. J'aimais ces histoires où les princesses étaient malheureuses. *Andromaque* m'a enchantée. *Bérénice* m'a bouleversée. Chaque fois que j'entendais ou que je lisais les adieux de la reine à l'empereur, les larmes me venaient aux yeux :

Je n'écoute plus rien : et, pour jamais, adieu.
Pour jamais ! Ah ! Seigneur ! songez-vous en vous-même
Combien ce mot cruel est affreux quand on aime ?
Dans un mois, dans un an, comment souffrirons-nous,
Seigneur, que tant de mers me séparent de vous,
Que le jour recommence et que le jour finisse,
Sans que jamais Titus puisse voir Bérénice,
Sans que, de tout le jour, je puisse voir Titus ?
Mais quelle est mon erreur, et que de soins perdus !

L'ingrat, de mon départ consolé par avance,
Daignera-t-il compter les jours de mon absence ?
Ces jours si longs pour moi lui sembleront trop courts.

Attaquée avec violence par Pradon, rival de Racine, auteur de *Phèdre et Hippolyte,* et par la cabale du duc de Nevers et de ses deux sœurs, la duchesse de Bouillon et la duchesse de Mazarin, *Phèdre* me transporta :

Ah ! douleur non encore éprouvée !
À quel nouveau tourment je me suis réservée !
Tout ce que j'ai souffert, mes craintes, mes transports,
La fureur de mes feux, l'horreur de mes remords,
Et d'un cruel refus l'insupportable injure
N'était qu'un faible essai du tourment que j'endure.
Ils s'aiment ! Par quel charme ont-ils trompé mes yeux ?
Comment se sont-ils vus ? depuis quand ? dans quels lieux ?
Tu le savais. Pourquoi me laissais-tu séduire ?
De leur furtive ardeur ne pouvais-tu m'instruire ?
Les a-t-on vus souvent se parler, se chercher ?
Dans le fond des forêts allaient-ils se cacher ?
Hélas ! ils se voyaient avec pleine licence.
Le ciel de leurs soupirs approuvait l'innocence ;
Ils suivaient sans remords leur penchant amoureux ;
Tous les jours se levaient clairs et sereins pour eux.

Tous les jours se levaient clairs et sereins pour eux !...

Ces jours si longs pour moi lui sembleront trop courts !...

« Entre Ronsard et André Chénier, écrit Jules Renard, généralement mieux inspiré, au début de son irrésistible

Journal que je devais tant aimer, on cherche en vain un poète. » Jules Renard, pour une fois, a tort. Dans ses tragédies, Racine, homme de théâtre, est l'égal de Sophocle ou d'Euripide et Racine, poète, est l'égal de Virgile ou de Goethe. Je ne me lassais pas de sa musique :

> *J'aimais, Seigneur, j'aimais, je voulais être aimée.*

Ou :

> *Je t'aimais inconstant, qu'aurais-je fait fidèle ?*

Ou :

> *Nous avons des nuits plus belles que vos jours.*

Ou :

> *Dans l'Orient désert, quel devint mon ennui !*

Ou encore :

> *Le jour n'est pas plus pur que le fond de mon cœur.*

ni de ses poèmes religieux, aussi beaux que ceux de Corneille :

> *Ô Sagesse, ta parole*
> *Fit éclore l'univers,*
> *Posa sur un double pôle*
> *La terre au milieu des mers.*

Tu dis, et les cieux parurent
Et tous les astres coururent
Dans leur ordre se placer.
Avant les siècles tu règnes,
Et qui suis-je, que tu daignes
Jusqu'à moi te rabaisser ?

Dans cette vie qui s'étend maintenant, depuis ma forêt primitive, sur quelques dizaines de milliers d'années et qui commence à me paraître longue bien qu'elle soit si courte – jusqu'à l'inexistence – au regard de l'univers, j'ai eu beaucoup de chance : j'ai trouvé sur mon chemin des conquérants, des bâtisseurs, des savants, des navigateurs. Je leur dois beaucoup. Ce n'est pas assez dire qu'ils m'ont changée. Ils m'ont révélée à moi-même. Ils m'ont construite. Ils m'ont faite telle que je suis. J'ai pourtant admiré plus encore des peintres, des sculpteurs, des architectes, des musiciens. Et des écrivains. Ils sont le sel de la terre.

Parmi les écrivains, le petit groupe des quatre amis autour de *La Pomme de pin*, sur la montagne Sainte-Geneviève, au temps de Louis XIV, de Mazarin, de Colbert, est pour toujours un de mes souvenirs les plus chers. Jamais, je crois, autant de beaux et grands projets n'ont été conçus et menés à bien par des esprits si élevés et si vifs.

Plus tard, j'ai entendu des savants, des professeurs, des historiens de la littérature parler, à leur propos, d'une « école de 1660 » et des règles auxquelles ses membres étaient censés se plier. Pour les avoir bien connus, pour les avoir beaucoup écoutés en leur servant à boire, je peux vous assurer qu'en dépit des légendes qui ont couru si longtemps, les quatre amis de *La Pomme de pin* se moquaient pas mal des fameuses règles dont on nous rebat les oreilles. Le but de ces messieurs était d'abord de plaire au public. S'il y a des règles, dont M. Boileau était le maître, elles ne tendaient qu'à cette fin. Elles étaient des recettes, des tours de main, des béquilles, des trucs de savoir-faire, non des lois imprescriptibles et gravées dans le marbre. Mes quatre amis auraient été bien surpris de se voir liés par des règles immuables.

Vingt fois, j'ai entendu M. Racine s'écrier : « La principale règle est de plaire et de toucher. » Et M. Boileau répéter dans les mêmes termes qui sont gravés dans ma mémoire : « Le secret est d'abord de plaire et de toucher. » M. Molière ne disait rien d'autre en riant et en me caressant la joue d'un air distrait qui cachait peut-être quelques arrière-pensées : « Je voudrais bien savoir si la grande règle de toutes les règles n'est pas de plaire... Ne cherchons point de raisonnements pour nous empêcher d'avoir du plaisir. » Et il me regardait en riant. M. de La Fontaine, lui, je suis persuadée qu'il ignorait jusqu'à l'existence de quelque règle que ce fût. Toute idée de se soumettre à une autorité lui paraissait insupportable.

Comme notre monde et notre vie, le plaisir, le bonheur, les agréments de l'existence ne peuvent pas durer toujours. Tout ne cesse jamais de se précipiter vers une fin inéluctable. Les empires s'écroulent, la gloire se dissipe, les amitiés se relâchent. Je suis, si j'ose ainsi parler, payée pour le savoir : toute histoire – et moi-même, l'histoire – est un échec permanent. J'ai vu se défaire le groupe des quatre amis.

Avant de se convertir à la piété la plus rigoureuse et

d'épouser la petite-fille du poète Voiture qui lui donnera sept enfants. « Ni l'amour ni l'intérêt, écrira son fils Louis, en une formule saisissante, dans des *Mémoires sur la vie de Jean Racine*, n'eurent aucune part à son choix. » M. Racine avait beaucoup aimé les femmes. Une liaison tumultueuse l'avait uni à la Champmeslé, l'interprète inoubliable d'Andromaque, de Bérénice, d'Iphigénie, de Phèdre. Et il avait fauché Marquise Du Parc à Molière. Une brouille s'ensuivit entre les deux amis, jusqu'alors inséparables. Retirant ses pièces à Molière, installé au Palais-Royal, Racine les porta à l'Hôtel de Bourgogne. À la mort de Molière, les deux troupes fusionneront et donneront naissance à la Comédie-Française.

Après avoir écrit, de 1667 à 1677, d'*Andromaque* à *Phèdre* – auxquelles il faut encore ajouter *Esther* et *Athalie* –, huit chefs-d'œuvre en dix ans, Racine meurt à cinquante-neuf ans. Vous souvenez-vous de La Fontaine en train de rendre l'âme ? Racine était à son chevet pour l'entourer d'affection et pour l'assister. C'est Boileau, à son tour, qui se tient auprès de Racine pour recueillir les dernières paroles et le dernier soupir d'un ami qu'il avait tant admiré :

> *Que tu sais bien, Racine, à l'aide d'un acteur,*
> *Émouvoir, étonner, ravir un spectateur !*
> *Jamais Iphigénie en Aulide immolée*
> *N'a coûté tant de pleurs à la Grèce assemblée,*
> *Que dans l'heureux spectacle à nos yeux étalé*
> *En a fait sous son nom couler la Champmeslé.*

Oui, un miracle. Quelle époque ! Plus brillante, je crois, que les temps d'Auguste et des Antonins. Aussi brillante peut-être que le siècle de Périclès. Annoncé de loin par Ronsard, par Montaigne, par Malherbe, préparé par Corneille et Pascal, illustré par le groupe de mes quatre amis, ce qu'il est convenu d'appeler le siècle de Louis XIV, mais qui était aussi le siècle de Fouquet, protecteur de Corneille et de La Fontaine, de Mazarin, de Colbert, de Mansart, de Poussin, de Georges de La Tour, de Philippe de Champaigne, de Le Brun, de Le Vau, de Le Nôtre, de tant d'autres, est la plus prodigieuse constellation de génies et de talents que j'aie jamais convoquée.

Pendant soixante ans, entre 1620 et 1680, chaque année, en France, est à marquer d'une pierre blanche. 1621 : naissance de La Fontaine. 1622 : naissance de Molière. 1623 : naissance de Pascal. Et dans les années soixante et soixante-dix, une rafale de chefs-d'œuvre de La Fontaine, de Molière et de Racine. C'est un bouillonnement perpétuel, une débauche de talents, une moisson de génies.

Autour de Pascal et de Corneille, autour de mes quatre amis immortels à la façon d'Eschyle, de Sophocle, d'Euripide, de Thucydide, de Virgile, de Dante et de Shakespeare, se presse toute une foule de noms dont chacun suffirait à faire la gloire d'une nation. Il y a là ce voyou de Retz, au style éblouissant, aux innombrables maîtresses, qui m'a donné bien du tintouin ; cette fripouille de Bussy-Rabutin, cousin de Mme de Sévigné ; cette bonne marquise de Sévigné elle-même, qui serait bien étonnée de se voir lue par Proust et par la grandmère de Proust, et admirée par moi ; et La Rochefoucauld, brave, ambitieux, imprudent, aveugle, ancêtre pessimiste de Chamfort, de Schopenhauer, de Cioran, amant de Mme de Longueville, sœur du Grand Condé, ami intime de Mme de La Fayette ; Mme de La Fayette elle-même, à qui nous devons le premier roman psychologique de notre longue histoire littéraire ; et Perrault, l'auteur de tant de contes merveilleux ; et La Bruyère, le premier de nos intellectuels ; et surtout Bossuet qui parlait comme personne de la mort et de Dieu – «C'est bien peu de chose que l'homme, et tout ce qui a fin est bien peu de chose. Il n'y a que le temps de ma vie qui me fait différent de ce qui ne fut jamais. J'entre dans la vie avec la loi d'en sortir, je viens faire mon personnage, je viens me montrer comme les autres ; après, il faudra disparaître » ou : « On n'entend dans les funérailles que des paroles d'étonnement de ce que le mortel est mort… » – et dont Paul Valéry dira : « Dans l'ordre des écrivains, je ne mets personne au-dessus de Bossuet » ; et Fénelon, trop oublié, familier des bonheurs d'écriture dans le genre de ce portrait : « Calypso ne pouvait se consoler du départ d'Ulysse. Dans sa douleur, elle se trouvait malheureuse d'être immortelle. »

Moi, l'histoire, je pourrais vous proposer, à titre de modèle, d'exercice et d'exemple, presque n'importe quel texte de n'importe lequel de nos auteurs. Choisissons, voulez-vous ? l'un des moins illustres. Prenons François de La Rochefoucauld. Il va nous donner une idée du siècle où il a vécu.

Deux ans avant *Andromaque*, l'année où Molière écrit *Dom Juan*, où Bossuet prêche le carême au Louvre, où La Fontaine publie ses *Contes*, où Poussin meurt à Rome, il livre ses *Réflexions ou Sentences et maximes morales*. Un peu comme certaines œuvres surréalistes, les *Maximes* sortent d'un jeu auquel participaient Mme de Sablé, Mme de La Fayette, Mme de Sévigné, La Rochefoucauld lui-même et quelques autres. On échangeait des recettes de cuisine, on jouait avec les mots, on respirait encore l'air de la préciosité et on forgeait des pensées ramassées et piquantes.

La Rochefoucauld est l'homme d'un seul ouvrage. Et cet ouvrage repose sur une seule obsession. « Il n'y a qu'une seule idée dans ce livre », disait Voltaire. Cette thèse, cette idée-force est simple : l'intérêt personnel règne partout dans les âmes, et les vertus ne sont que les masques de nos désirs. « Les vertus se perdent dans l'intérêt comme les fleuves se perdent dans la mer. »

La Rochefoucauld est étroit, obstiné, répétitif, souvent arbitraire et un peu mécanique. Il est loin de Pascal, de La Fontaine, de Racine. Mais voyez un peu : rien n'est plus fort ni plus moderne que la cruauté de ce grand seigneur d'un autre âge dont Nietzsche écrivait : « Il met régulièrement dans le noir de la nature humaine. » Il y a chez La Rochefoucauld non seulement du Schopenhauer et du Cioran, mais peut-être un peu de Freud.

L'amour-propre est l'amour de soi-même et de toutes choses pour soi. Rien n'est si impétueux que ses désirs, rien de si caché que ses desseins, rien de si habile que ses conduites ; ses souplesses ne se peuvent représenter, ses transformations passent celles des métamorphoses et ses raffinements ceux de la chimie. On ne peut sonder la profondeur, ni percer les ténèbres de ses abîmes. Il est capricieux, et on le voit quelquefois travailler avec le dernier empressement et avec des travaux incroyables à obtenir des choses qui ne lui sont point avantageuses et qui même lui sont nuisibles, mais qu'il poursuit parce qu'il les veut. Il est dans tous les états de la vie et dans toutes les conditions ; il vit partout et il vit de tout, il vit de rien ; il s'accommode des choses et de leur privation ; il passe même dans le parti des gens qui lui font la guerre, il entre dans leurs desseins et, ce qui est admirable, il se hait lui-même avec eux, il conjure sa perte, il travaille lui-même à sa ruine. Enfin, il ne se soucie que d'être et, pourvu qu'il soit, il veut bien être son ennemi.

Ah ! bien sûr, la citation est un peu longue. Elle fait une place exagérée à un auteur du second rayon. Mais comment ne pas être frappé par la force et la subtilité de l'argumentation, par l'éclat du style, par l'usage de la langue ? Sur une seule idée qui vaut ce qu'elle vaut – l'amour-propre –, quelle clarté, quelle efficacité, quelle puissance de conviction ! « Il passe même dans le parti des gens qui lui font la guerre, il entre dans leurs desseins, il se hait lui-même avec eux. Et, pourvu qu'il soit, il veut bien être son ennemi… » Il faut se rendre à l'évidence : c'est un texte éblouissant. On en trouverait des dizaines et des dizaines, et peut-être des centaines, sous la plume des auteurs de ce que vous appelez pour plus de commodité le siècle de Louis XIV.

Cent ans après l'édit de Villers-Cotterêts, les traités de Westphalie qui mettent fin à la guerre de Trente Ans sont rédigés en français. Mazarin, Turenne, Condé, Vauban, Villars, Colbert, Louvois, Louis XIV lui-même, le développement économique, les victoires militaires ne sont évidemment pas pour rien dans ce triomphe français. Tout conspire au succès, tout va ensemble dans le même sens. Mais la cause fondamentale de l'explosion soudaine de la prééminence française est à chercher du côté de Pascal et de Corneille, de Molière, de Racine, de Bossuet, de La Rochefoucauld.

Je commençais à me demander si les poètes, les savants, les peintres, les tragédiens ne m'étaient pas plus chers que les conquérants dont je m'étais tant occupée. Si le génie littéraire et scientifique, l'éloquence, toutes les formes du talent ne l'emportaient pas dans ma vie et dans ma formation sur l'hérédité, la violence, l'avidité qui m'avaient fascinée si longtemps.

Le miracle français était politique, économique et militaire. Il était surtout littéraire, intellectuel, artistique et culturel. Il était lié à des victoires, au commerce, à l'industrie, à la multiplication des ateliers, au savoir-faire de nos artisans. Il reposait d'abord sur l'usage et le triomphe d'une langue qui allait devenir la langue de l'Europe et donner à la France, pour un siècle, et peut-être pour un peu plus, le premier rang dans le monde.

L'ANNONCE, L'ATTENTE, LA PROMESSE

Michelet ouvre un de ses cours au Collège de France par ces paroles fracassantes : « Le grand siècle, Messieurs, je veux dire le xviiie... » Je crois qu'il n'a pas raison. En dépit de ses horreurs et de ses zones d'ombre – la Fronde, la Brinvilliers, les possédées de Loudun, la révocation de l'édit de Nantes, les dragonnades, les persécutions, la misère dénoncée par Vauban et par La Bruyère, le sac du Palatinat... –, le grand siècle, c'est le xviie. L'ordre règne. Il est pesant. Mais il brille de mille feux. À force d'admirer et d'imiter les Anciens, les Modernes s'égalent à eux. Si court, si léger, si élégant, si amusant, la seule vocation du xviiie, et ce n'est pas une mince affaire, se limite à mener, en trois quarts de siècle, du classicisme à la Révolution.

Vous me demandez souvent comment je m'y suis prise pour réussir cet exploit. Comment ? C'est tout simple : je suis descendue dans les esprits ; j'ai remplacé l'admiration par l'ironie et l'héroïsme par le plaisir qui est le mot-clé de la Régence ; j'ai profité de la science qui explose avec Harvey, avec Huygens, avec Newton ; je me suis servie des femmes ; je me suis promenée dans leurs salons ; j'ai soupé au lieu de me battre. J'ai retourné contre l'ordre la raison qui se confondait jusqu'alors avec lui.

Louis XIV, dont personne ne voulait plus, avait régné soixante-douze ans. En soixante-quatorze ans – 1715-1789 –, j'ai effacé son souvenir. La mort du Roi-Soleil est, sinon une explosion de joie, du moins un soulagement. En tout cas une décompression. Assez parlé de grandeur, assez parlé d'honneur, assez parlé de devoirs. On va chanter un peu plus bas. Je me débarrasse de la poésie qui s'effondre. Le plaisir, l'élégance, la raison prennent sa place. Les idées fleurissent dans les salons.

Les salons ne sont pas une invention du XVIIIᵉ. Dès les débuts du siècle précédent, l'hôtel de Rambouillet, la Chambre bleue, les précieuses ont préparé le chemin. Mais Mme du Deffand – presque aveugle à la fin de sa vie, maîtresse du Régent, amoureuse de Walpole, amie de Mlle Aïssé, la belle et brillante Circassienne –, Mlle de Lespinasse – protégée ingrate de Mme du Deffand, qui s'établit à son compte et entraîne derrière elle d'Alembert, Marmontel, Condorcet et pas mal d'autres –, Mme de Tencin – la mère de d'Alembert –, Mme Geoffrin – protectrice et marraine de l'*Encyclopédie* – élèvent les salons à la hauteur d'institutions et de laboratoires des idées nouvelles. À la tête des salons règnent des maîtresses de maison qui sont souvent aussi les maîtresses des philosophes et des écrivains qu'elles reçoivent et nourrissent. Avec des femmes d'exception, le XVIIᵉ est un siècle d'hommes. Avec des hommes remarquables, le XVIIIᵉ est un siècle de femmes.

Dans les salons du XVIIIᵉ, qui ne rappellent que de

loin les tavernes dans le genre du *Mouton blanc* ou de *La Pomme de pin,* on a beaucoup d'esprit. On y improvise des quatrains, on y joue aux bouts-rimés, on y forge des aphorismes. Devant Mme du Deffand qui lui reproche le traitement inique infligé au malheureux Calas par les parlementaires, le président Hénault, son amant, se défend comme il peut :

— Ah ! il n'est bon cheval qui ne bronche…

— Un cheval, je veux bien, coupe Mme du Deffand, mais toute une écurie !…

À Julie de Lespinasse qui lui vante les mérites du savant d'Alembert, célèbre pour la négligence de son habillement et toujours mal attifé, elle lance :

— Sachez, Mademoiselle, que je ne porte pas si haut le respect du savoir jusqu'à supporter le débraillé de ceux qui le propagent.

La Cour participe à ces jeux de salon. Louis XV lui-même ne les dédaigne pas. Au marquis de Bièvre qui passe pour spirituel, il va jusqu'à demander à brûle-pourpoint d'improviser un mot d'esprit sur sa royale majesté.

— Sire, lui dit le courtisan, le roi n'est pas un sujet.

Le jeu est joué jusqu'au bout, jusqu'aux abords de la mort. Une grande dame ouvre son testament par ces mots audacieux : « Si, par hasard, je meurs… » On s'amuse de tout, et même des catastrophes.

Ce qui règne dans les salons, ce n'est pas seulement l'esprit. Ce sont les idées. Le XVIIe est un siècle d'écrivains. Le XVIIIe est un siècle d'intellectuels.

De la mort d'Henri IV à la mort de Louis XIV – ah ! que mon XVIIe est long !… –, les écrivains du premier rang se pressent en foule compacte. Du début à la fin du XVIIIe, si bref, je ne compte que cinq grands écrivains – auxquels il faut sans doute ajouter Buffon, Choderlos de Laclos, Marivaux et Beaumarchais. Deux au début : Saint-Simon et Montesquieu. Deux vers la fin : Diderot et Rousseau. Au milieu, couvrant le siècle d'un bout à l'autre, le patron : Voltaire.

Par un paradoxe surprenant, le premier et le plus grand écrivain du siècle des Lumières qui ouvre le chemin à la Révolution est une relique et un fanatique du passé : Saint-Simon.

Ce qui compte d'abord pour Saint-Simon, c'est d'être duc et pair. Sa famille était ancienne, mais le duché-pairie ne remonte pas bien loin. Né sous Henri IV, le père de notre duc est ami de Louis XIII. Il a une idée assez simple et qui ne relève pas du génie : il propose au roi de changer de cheval sans mettre pied à terre. Il suffit de placer les deux chevaux, l'ancien et le nouveau, côte à côte, mais tête-bêche. De cet exploit sort le titre de duc qui fait le bonheur de l'auteur des *Mémoires* : « Ma passion la plus vive et la plus chère est celle de ma dignité et de mon rang. »

La passion, en vérité, tourne à la manie. Saint-Simon est une sorte d'ethnologue de son temps, obsédé d'abord par les règles de la tribu, par le jeu des alliances dans les grandes familles, par le protocole, par les préséances, par le tabouret des duchesses. Une question récurrente court à travers les *Mémoires* : qui passe devant qui et qui s'assoit sur quoi ? Tout ce qui occupe notre duc et pair présente un intérêt limité et tourne souvent au ridicule. Mais le style sauve tout.

D'un naturel désarmant, rapide jusque dans la longueur, bourré d'audace et d'invention, reconnaissable au premier coup d'œil, le style de Saint-Simon est unique. Ses portraits sont célèbres. Jamais une baisse de régime, jamais la moindre faiblesse. Les idées claquent comme des pétards. La passion suinte de partout. Les histoires de préséance s'élèvent à la tragédie. Quand vous ouvrez les *Mémoires*, vous ne les quittez plus. Il y a une addiction à Saint-Simon comme il y a une addiction à Proust. On s'abandonne avec bonheur, avec une sorte de fascination à l'un et à l'autre. Imbu de lui-même, arriéré et maniaque, Saint-Simon est un grand écrivain. Le plus grand sans doute de ce XVIIIe siècle auquel il est étranger.

Vous commencez à me connaître. Mes tours et détours. Mes diableries. Mes contradictions qui ne manquent pourtant pas de sens. Féroce, impitoyable, emporté par des passions qu'il ne songe même pas à contrôler, Saint-Simon est à la fois le plus moderne des écrivains classiques et un féodal attaché au passé et à Louis XIII, « roi des gentilshommes ». Ivre de sa caste, Louis de Saint-Simon n'aime pas beaucoup Louis XIV, entouré de ces « gens de robe et de plume » qu'il exècre : il lui reproche d'être le « roi des commis ». Il finit par l'éclairer d'une lumière singulière.

On pourrait soutenir sans trop de paradoxe que la Révolution, dans sa phase terminale, s'inspire de l'absolutisme d'un souverain qui, à la fureur de Saint-Simon et des grands, domestiqués à Versailles, s'appuie sur des bourgeois. Il n'est pas tout à fait exclu qu'au-delà de la Révolution libérale, fille des Lumières détestées par

Saint-Simon, la Convention nationale renoue, en sens inverse bien entendu, avec les ambitions et la rigueur du Grand Siècle. À la formule : « L'État, c'est moi » répond la formule : « La nation, c'est le Comité de salut public ».

En face de Saint-Simon, féodal de génie avec qui, nouveau paradoxe, il entretient des liens amicaux et qui meurt trois semaines après lui, Montesquieu incarne le libéralisme des Lumières. C'est une figure sympathique. La misère humaine ne lui est pas étrangère : un mendiant est son parrain. Il a le cœur bon et un heureux caractère : « Je m'éveille le matin avec une joie secrète, je vois la lumière avec une espèce de ravissement. Tout le reste du jour, je suis content. »

C'est l'époque où, près de deux siècles avant le Dr Mardrus qui sera plus proche du texte et plus audacieux, Galland révèle à l'Occident un chef-d'œuvre arabo-persan, irrésistible de mouvement et d'invention : *Les Mille et Une Nuits*. L'époque aussi où, sur les traces de Rubroek, de Jean du Plan Carpin et de mon neveu Marco Polo, Chardin parcourt la Perse. Inspiré à son tour par l'Orient, pamphlétaire satirique et épistolier libertin, Montesquieu écrit ses *Lettres persanes*.

Feignant d'être étranger à la société où il vit, avançant sous le masque de deux Persans de comédie, Rica et Usbek, qui s'étonnent de tout ce qu'ils voient et entendent dans le Paris du début du XVIIIe, il fonde la méthode des regards obliques, promise à un bel avenir, et, du même coup, la sociologie.

Et quelques années à peine après la mort de Louis XIV et de Mme de Maintenon qui ne plaisantaient pas avec l'orthodoxie, il attaque avec ironie et audace la religion

dominante : « Il y a un autre magicien encore plus fort…
Ce magicien s'appelle le pape : tantôt il fait croire que
trois ne sont qu'un, que le pain qu'on mange n'est pas
du pain, que le vin qu'on boit n'est pas du vin, et mille
autres choses de cette espèce. »

Dans ses *Considérations sur les causes de la grandeur des
Romains et de leur décadence*, il précède Gibbon et son
grand livre : *Decline and Fall of the Roman Empire*. *L'Esprit
des lois*, enfin, connaît un succès immense. Vingt éditions
se succèdent. Même les femmes le lisent. Les traductions
se multiplient. Les étrangers l'acclament. Vers le milieu
du siècle des Lumières, Montesquieu est le rival heureux
de Voltaire.

Dans ses *Considérations* comme dans son *Esprit des lois*,
devinez ce qui l'intéresse ? Mais c'est moi ! Héritier de
Bossuet, il écrit, comme lui, que ma carrière, retracée
dans les pages que vous êtes en train de lire, ne doit rien
au hasard. Mais, se retournant contre l'orateur sacré, il
remplace la Providence par une méthode inspirée des
sciences physiques en plein développement et destinée
à donner naissance aux sciences sociales et humaines.
Auteur ironique et léger des *Lettres persanes*, il annonce,
de loin, Hegel et Max Weber. Il n'est pas loin d'annoncer Tocqueville. Par sa conception des lois soumises à la
fois à la géographie et à l'histoire, il annonce Braudel.

Sous le titre *Cahiers*, ses pensées au jour le jour suffisent
à établir qu'il est un grand écrivain. Il soutient que la
littérature consiste à sauter les idées intermédiaires. Cet
éloge de la vitesse, ce refus de traîner, ce rejet des clichés
et des lieux communs ont quelque chose de moderne.
Dans ses réflexions les plus sérieuses, la tolérance est

toujours servie par l'ironie : « Les nègres ont le nez si écrasé qu'il est presque impossible de les plaindre. »

Avec la même ironie et la même audace que Montesquieu, mais plus encore que lui, Voltaire incarne son temps entier. Il en est le symbole et le maître. Il commence très tôt à attirer l'attention. Il fait de bonnes études au collège Louis-le-Grand où les jésuites ne tardent pas à découvrir qu'il est « dévoré de la soif de la célébrité ». Autour de douze ans, garnement déjà brillant, il est présenté à Ninon de Lenclos qui en a quelque chose comme quatre-vingt-dix. Il plaît tellement à la vieille courtisane qu'à défaut de le mettre dans son lit – c'est un peu tard et un peu tôt – elle le couche sur son testament pour une somme qui n'est pas dérisoire.

Très vite, à force d'aventures et d'esprit, il devient une vedette déjà presque médiatique. Il se sert des gazettes et des journaux en train de découvrir leur puissance. Il va de succès en succès. Il est présent sur tous les fronts. Il m'amuse à la folie. Il écrit des livres où il parle de moi. Il est philosophe et moraliste. Il est un correspondant hors pair qui s'adresse au monde entier. Journaliste de génie, il est le premier de nos intellectuels. Et, de *Zadig* ou de *Micromégas* à *L'Ingénu* et à *Candide*, chef-d'œuvre de drôlerie et de simplicité, toujours aussi neuf que s'il avait été écrit d'hier, où il se moque de l'optimisme de Leibniz, il est l'auteur de contes immortels.

Avec *Œdipe*, *Zaïre*, *Mahomet*, *Mérope*, *Tancrède*, qui sont autant de triomphes, c'est un tragédien du deuxième ou troisième rang. Inférieur, naturellement, et de loin, à Corneille, à Molière, à Racine, il est la petite monnaie du classicisme français. J'irais volontiers jusqu'à soutenir que, dans l'ordre des écrivains, il ne vaut ni Bossuet, dont il n'a pas la force, ni La Bruyère, dont il n'a pas la plume, ni peut-être La Rochefoucauld, dont il n'a pas la subtilité. Il n'est pas poète. Il est beaucoup plus qu'un poète. Il peut, à bon droit, se prendre un peu pour moi. Il est, à lui tout seul, l'histoire de son temps.

Les hommes font l'histoire, mais ne savent pas l'histoire qu'ils font. Les écrivains écrivent, mais ne savent pas ce qu'ils écrivent. Voltaire sait bien le rôle qu'il joue dans le siècle, mais il se trompe du tout au tout sur ce qu'il écrit. Ses contes irrésistibles – *Candide* ou *L'Ingénu* –, il les appelle « mes petites coÿonnades ». Pour bien enfoncer le clou de la postérité, il s'obstine : « Je serais bien fâché de passer pour l'auteur de *Zadig*. »

Zadig est un chef-d'œuvre qui se situe quelque part entre *Les Mille et Une Nuits* et le roman policier. Mais ce que veut Voltaire, c'est être reconnu comme poète et comme auteur de tragédies – ce qu'il ne sera jamais. Ce qu'il est et sera, c'est la conscience et le héraut d'une époque qu'il incarne mieux que personne. Ses grands succès dramatiques ne s'appellent pas *Zaïre* ou *Mérope*. Ils s'appellent Calas, Lally-Tollendal, Sirven, le chevalier de La Barre. Chaque fois, des aventures tragiques où se mêlent police, justice, politique, religion. Il est un lanceur d'alarme et il est une conscience.

Voltaire est drôle, charmant, jamais ennuyeux, un peu court. Il est courageux. Et, parfois, émouvant. Sa « Prière à Dieu » dans son *Traité sur la tolérance* mêle l'ironie à la passion. On l'a longtemps cru de gauche parce qu'il attaquait l'Église. C'est un réactionnaire, un bourgeois triomphant à qui un talent étourdissant permet de faire fortune dans les lettres – et de faire fortune tout court. Il écrit : « Il est à propos que le peuple soit guidé et non pas qu'il soit instruit. »

Il lui arrive de voir loin. Il me précède, il me prévoit. Le 2 avril 1764, un quart de siècle avant la réunion des états généraux, il écrit au marquis de Chauvelin : « Tout ce que je vois jette les semences d'une révolution qui arrivera immanquablement et dont je n'aurai pas le plaisir d'être le témoin. La lumière s'est tellement répandue de proche en proche qu'on éclatera à la première occasion ; et alors, ce sera un beau tapage. Les jeunes gens sont très heureux : ils verront de belles choses. »

Autant que Diderot ou Rousseau, Voltaire aura été mon agent, mon instrument, ma taupe très éveillée, mon exécutant au cœur du siècle des Lumières. Le dernier des classiques est le premier à prévoir la Révolution. Il est, avant la lettre, l'illustration d'une formule d'Hegel : « La première catégorie de la conscience historique, ce n'est pas le souvenir. C'est l'annonce, l'attente, la promesse. »

Il meurt en pleine gloire à quatre-vingt-quatre ans. S'il avait vécu plus vieux encore ou s'il était né plus tard, il aurait été adulé en 1789 – et guillotiné en 1793. Mais, avisé comme il l'était, il n'aurait pas, lui, le philosophe des Lumières, raté sa fuite à Varennes. Je l'aurais rencontré, toujours vif et subtil, aux côtés de Talleyrand, en Louisiane ou à Londres.

UN MONDE FINIT,
UN MONDE COMMENCE

Pardon ?… Qu'est-ce que c'est ? Excusez-moi… J'entends des cris venant du parterre et des loges :

— L'auteur ! L'auteur !

Vous pensez bien : je ne bouge pas. Le bruit redouble :

— Mais où étiez-vous passée, mon enfant ? Vous nous manquiez. Où vous cachiez-vous, astre errant de l'histoire ?…

Voilà maintenant le poulailler :

— Où que c'est-il que tu t'es fourrée, c'te fois-ci, vieille guenon délabrée ?…

Je souris dans ma barbe. J'imagine que les uns et les autres me voient en Mme du Châtelet, la « divine Émilie », passionnée et savante, au château de Cirey, entre Champagne et Lorraine, asile commode pour un homme que ses écrits ont rendu suspect à un pouvoir qui hésite entre l'envoyer à la Bastille ou le nommer, à Versailles, historiographe du roi. Ou peut-être, un peu plus bas, en Mme Denis, la nièce et la maîtresse du grand homme. Ou, folie des grandeurs, en Frédéric II de Prusse, le « Salomon du Nord », qui promet à son ami Voltaire « opéras, comédies, carrousels, soupers à

Sans-Souci, manœuvres de guerre, concerts, études, lectures... ». Ou encore, pourquoi pas ? le mendiant parrain de Montesquieu.

Non, rien de tout ça. Vous savez qui je suis, successivement, dans l'ironie du XVIIIe ? Je suis Rica dans les *Lettres persanes* et Candide dans *Candide*.

J'ai hésité, je dois vous le dire, entre Usbek et Rica. Mais Usbek est trop sérieux, presque grave, qui s'intéresse à la théologie et au gouvernement : « Un grand seigneur est un homme qui voit le roi, qui parle aux ministres, qui a des ancêtres, des dettes et des pensions. » Rica passe en revue les théâtres et les cafés littéraires. J'étais comme tout le monde : j'avais envie de m'amuser. J'ai choisi Rica. Et j'ai choisi Candide.

Candide, vous vous souvenez, avait « le jugement assez droit avec l'esprit le plus simple ». Il était l'ami de Pangloss qui croyait, comme Leibniz, que tout était au mieux dans le meilleur des mondes, il discutait du mal avec Martin et il aimait Mlle Cunégonde. Tout cela me convenait à merveille. J'ai été un Rica étonné par ce qu'il voyait et entendait et un Candide résigné à cultiver son jardin. Ces activités estimables et au second degré ne m'ont pas empêché de travailler avec ardeur et dans l'imaginaire à la Révolution. La fiction m'a peut-être été plus utile dans mon action que la réalité.

À la naissance de Diderot, Montesquieu a vingt-quatre ans. Voltaire en a dix-neuf. Quasi contemporain de Diderot, Rousseau est un nourrisson de quelques mois. On peut dire que ces quatre-là, Montesquieu, Voltaire, Diderot et Rousseau – une nouvelle bande des quatre ? –, d'abord liés entre eux avant de se détester, ont, plus que personne, changé le cours des choses. Ils ont transformé mon existence. Ou peut-être est-ce moi qui ai transformé la leur ? C'est un grand débat. Est-ce l'histoire qui fait les hommes ou les hommes qui font l'histoire ? Un peu des deux, j'imagine.

Personne n'irait prétendre que Corneille, Pascal, La Fontaine, Molière, Racine sont « intelligents ». Ils ont du génie, un point, c'est tout. Il n'y a pas plus intelligent que Montesquieu, Voltaire ou Diderot. C'est parce qu'ils sont si vifs, si amusants, si ironiques, si intelligents qu'ils m'ont comprise et modifiée.

Diderot sort d'une famille catholique installée à Langres. Son père est coutelier. Son oncle est chanoine. Sa sœur est religieuse. Denis fait ses études, refrain, chez les jésuites de Langres. Il reçoit la tonsure. Il sera prêtre. Mais voyez : l'air du temps – les hommes font l'histoire, l'histoire, en revanche… – le pousse à préférer autre chose. Il attaquera l'Église au lieu de la servir. Flanqué d'un mathématicien très doué, du nom de d'Alembert, fils naturel, comme on disait à l'époque, de Mme de Tencin et du chevalier Destouches, abandonné à sa naissance sur les marches de la chapelle de Saint-Jean-le-Rond, il assume la responsabilité d'une formidable machine de guerre chargée, avec ses dix-sept volumes de textes, ses huit volumes de planches, ses soixante mille articles, ses quatre mille souscripteurs, de préparer le climat intellectuel de la Révolution : l'*Encyclopédie*.

Encyclopédiste, érudit, spécialiste de l'universel, Diderot est aussi homme de théâtre, critique d'art, romancier. Son théâtre a vieilli. Mais le critique d'art et de théâtre – ses *Salons*, son *Paradoxe sur le comédien* – est toujours très vivant.

Comme celle de Voltaire, la correspondance de Diderot est célèbre. Il adresse à Sophie Volland, dont il est tombé amoureux, des lettres où il parle de tout et de n'importe quoi et saute d'une idée à l'autre avec allégresse et talent. Vous savez ce que c'est : le bruit a couru que j'étais Sophie Volland. C'est inexact. Après Rica et Candide – toujours dans cette fiction, plus vraie que la vérité, que j'ai beaucoup aimée –, j'ai été le neveu de Rameau.

En marge de l'*Encyclopédie*, Diderot, infatigable, est l'auteur de *La Religieuse*, récit sentimental et antireligieux, de *Jacques le Fataliste*, tohu-bohu d'anecdotes qui s'enchaînent les unes aux autres et dont l'une au moins a été portée à l'écran – *Les Dames du bois de Boulogne* –, et surtout du *Neveu de Rameau*.

Bohème subtil, agité et sceptique, ennemi de toute société, ignorant de toute morale, le neveu de l'auteur des *Indes galantes* a vraiment existé. Diderot l'avait rencontré. Et naturellement transformé et magnifié jusqu'à l'incandescence. J'ai été un personnage de fiction qui avait une réalité. C'est une assez bonne définition de l'histoire.

L'histoire galope, elle va très vite, elle court la poste. Il lui arrive aussi de traîner en route. Je suis patiente. Je sais attendre. Vous vous rappelez qu'il faudra plus de trente ans après la mort de Mme de Sévigné pour que sa petite-fille, Pauline de Simiane, fille de Mme de Grignan, se décide à publier une édition très incomplète des lettres de sa grand-mère. Charles Nodier, le bibliothécaire de l'Arsenal, n'en donnera une édition plus complète qu'au XIXe siècle. La même aventure – ou la même mésaventure – se reproduit après la mort de Saint-Simon, en plein XVIIIe siècle. Ses *Mémoires* ne seront publiés qu'un siècle plus tard. L'histoire du *Neveu de Rameau* est encore plus curieuse. L'ouvrage où je figure et dont je suis le héros ne sera connu en France qu'au XIXe siècle à travers la traduction française d'une traduction allemande, due à Goethe. Le manuscrit original ne sera retrouvé qu'en 1891 chez un bouquiniste.

Montesquieu, Voltaire, Diderot, d'Alembert sont l'intelligence même. Rousseau est fou. Il a la folie de la persécution, il croit que personne ne l'aime – et peut-être a-t-il raison ? Les quatre autres brillent dans les salons et n'arrêtent pas de correspondre entre eux : ce qu'ils préfèrent, c'est *com-mu-ni-quer*. Rousseau aussi écrit des lettres comme tout le monde à cette époque, mais il est solitaire et sauvage et toutes ses amitiés se termineront dans des brouilles. Voltaire aime le luxe, l'argent, la vie facile, le théâtre, le plaisir. Jean-Jacques est un vagabond qui pense que le commerce et le théâtre « ont civilisé les hommes et perdu le genre humain ». Héritier, indigne évidemment, de Racine et du classicisme, Voltaire est le comble de la civilisation et de la culture. Rousseau aime la nature : « La nature a fait l'homme heureux et bon, la société le déprave et le rend misérable. » Les vedettes des Lumières ont un credo qui sera repris plus tard par Mme de Staël et par la gauche libérale : l'homme est bon et il est indéfiniment perfectible. En opposition à son époque, Rousseau pense que, gâté et pourri par la civilisation, l'homme est mauvais et qu'il faut tout reprendre à la base et remonter très loin en arrière pour retrouver la bonté originelle. Il trace un tableau idyllique des premiers âges de l'humanité où règnent la liberté et le bonheur. Pour vivre libre et heureux, il faut habiter des cabanes et se promener dans des habits en peau de bête. Voltaire reprochera à Rousseau de vouloir nous faire marcher à quatre pattes. L'ami de Frédéric II combat les excès et les injustices de la société, mais, comme Montesquieu et Diderot à des titres divers, il s'accommoderait d'une société que la raison et la culture auraient rendue vivable et où lui et ses amis auraient toute leur place. Rousseau, lui, est un révolutionnaire qui ne recule pas devant le totalitarisme. Montesquieu, Voltaire, Diderot, d'Alembert et les autres ont quelque chose de cohérent, de policé, de très clair et, en fin de compte, d'assez simple. Rousseau est d'une complication infernale qui va jusqu'à la contradiction. Ce qu'il a de troublant et de fâcheux, c'est du génie.

« Avec Voltaire, écrit Goethe à qui il faut souvent revenir et que j'aurais tant aimé connaître – j'aurais pu, dans son sillage, être un Werther très honnête ou un bon Méphisto –, avec Voltaire, c'est un monde qui finit. Avec Rousseau, c'est un monde qui commence. »

Je savais très bien, moi, l'histoire, que la rupture était inévitable entre Voltaire, fruit d'une culture héréditaire, et Rousseau, prophète et révolutionnaire, mais aussi entre les Encyclopédistes, avec Diderot à leur tête, qui croient à la science, aux arts, à la culture, et Rousseau, adversaire de toute société et qui n'est pas loin de condamner non seulement toute culture, mais jusqu'à la raison et la pensée si chères à Voltaire, à Diderot, à l'En-

186

cyclopédie : « J'ose presque dire que l'état de réflexion est un état contre nature et que l'homme qui médite est un animal dépravé. »

L'amusant est que Rousseau et Diderot étaient très liés. Comme la plupart des acteurs de la Révolution à venir, ils sont des frères ennemis. Chacun sait que c'est en allant rendre visite à son ami Denis, emprisonné à Vincennes, que Jean-Jacques tombe par hasard sur un article du *Mercure de France* – dont je suis l'auteur, évidemment – qui fait état d'un concours lancé par l'Académie de Dijon. Et c'est en réponse à la question posée par l'Académie que Rousseau rédige son fameux *Discours sur les sciences et les arts* dont il a parlé à Diderot et qui va le rendre célèbre du jour au lendemain. Beaucoup s'interrogeront sur la part prise par Diderot au succès de Rousseau. C'est en tout cas d'un ami très proche que Rousseau se sépare avec éclat. Ses relations tumultueuses avec Diderot ne constituent que la première des contradictions innombrables de l'auteur de *Julie ou la Nouvelle Héloïse* et du *Contrat social*.

Je n'ai jamais été intime de Jean-Jacques Rousseau. Je n'ai même pas été très liée avec lui. Je ne suis pas certaine de le trouver très sympathique. Je n'aurais pas voulu être la courtisane vénitienne du nom de Zulietta qui lui donne un sage conseil : « *Lascia le donne, e studia le matematica.* » Ni Julie, dans la *Nouvelle Héloïse*, installée à Clarens, sur les bords du lac Léman, entre M. de Wolmar, son mari, et le charmant Saint-Preux. Je n'aurais d'ailleurs trouvé aucun plaisir à être Wolmar ou Saint-Preux. Et l'idée ne m'a jamais traversée, même en rêve, d'être Mme de Warens, trop jeune et trop belle pour jouer, aux Charmettes, près de Chambéry, le rôle ingrat d'une dame d'œuvres qui s'intéresse au jeune Jean-Jacques.

Ne nous faisons pas d'illusions : je ne tenais pas à jouer un rôle dans la vie de Rousseau, mais Jean-Jacques lui-même ne m'aurait jamais regardée. Attaché comme il l'était aux débuts mythiques de l'humanité, il ne pouvait que haïr tout ce que je représentais et que je trimbalais avec moi. Il détestait la marche de l'histoire et toutes ses séductions. Il aurait voulu me voir couler dans l'autre sens.

Menant une vie aventureuse et vagabonde, Rousseau n'écrit presque rien jusqu'à quarante ans. Et puis, coup sur coup, il publie trois chefs-d'œuvre qui, de loin au moins, allaient me bouleverser. Un roman d'amour où les larmes coulent à flots et qui constitue comme une protestation contre son siècle d'élégance et de dépravation : *Julie ou la Nouvelle Héloïse*. Un manuel d'éducation des jeunes gens où il reprend les idées qui lui sont chères sur nature et culture et sur la nécessité d'écarter des enfants les influences néfastes de la société, du théâtre, des lectures – et notamment les *Fables* de mon cher La Fontaine : *Émile ou De l'éducation*. Un traité, enfin, de sociologie politique qui va jouer un rôle énorme dans mes vies successives : *Du contrat social*.

Avant de faire la carrière que vous savez, deux de ces ouvrages – *Émile* et *Du contrat social* – sont saisis et condamnés, à Paris. Et, dans la France catholique comme à Genève et en Suisse protestante, *Julie ou la Nouvelle Héloïse* connaît aussitôt un immense succès. S'ouvre, pour Jean-Jacques, le temps de la célébrité – et aussi des ennuis.

Beaucoup se sont amusés ou se sont indignés des approximations ou des contradictions qu'ils ont cru découvrir dans les œuvres de Jean-Jacques. Les uns se sont demandé s'il n'y avait pas comme un paradoxe à voir un traité sur l'éducation des jeunes gens rédigé par un père qui avait abandonné ses cinq enfants – mais étaient-ils de lui ?... – à l'Assistance publique. Les autres souriaient en lisant une apologie du mariage qui reposait sur le trio passionnel et vertueux des bords du lac Léman. D'autres encore – et c'était plus sérieux – voyaient avec étonnement un libertaire à la limite de l'anarchisme travailler à l'édification d'une société à la limite du totalitarisme. Individualiste forcené, Rousseau finit dans la peau d'un tyran qui se camoufle sous la volonté générale : « Quiconque refusera d'obéir à la volonté générale y sera contraint par tout le corps : ce qui ne signifie autre chose sinon qu'on le forcera d'être libre. »

Ce « on le forcera d'être libre » a fait couler pas mal d'encre. En Russie, en Allemagne, en Chine, au Cambodge, ailleurs encore, il ouvre la voie à des lendemains qui ne chantent pas. Chez Rousseau déjà, par une mystérieuse alchimie, la passion de la liberté aboutit à l'acceptation de la dictature.

Ce n'est pas parce que nos relations étaient plutôt lointaines que je vais me priver de dire du bien de Rousseau. Il a presque tout inventé, ou réinventé : l'individualisme, l'anarchisme, le romantisme, le socialisme, le communisme, l'absolutisme, l'écologie, la psychanalyse... Voltaire se serait moqué du moralisme des jacobins. La

Déclaration des droits de l'homme et du citoyen et la Constitution de 1793 sortent au contraire de Rousseau. Et Robespierre s'inspire de la *Profession de foi du vicaire savoyard* pour la célébration de l'Être suprême. Vieil oncle ironique, spirituel et sceptique, Voltaire prophétise la Révolution. Parrain passionné, brouillon et sauvage, Rousseau la porte sur les fonts baptismaux.

CHANGER LA VIE

Dans les années qui précèdent et qui suivent la disparition de Voltaire et de Rousseau – ils meurent l'un et l'autre en 1778 –, la France et sa langue brillent de tous leurs feux. Frédéric II de Prusse, l'ami de Voltaire, parle français. Catherine la Grande, impératrice de Russie, l'amie de Diderot, parle français. Toutes les cours d'Europe, les grandes familles, les diplomates, les savants, les artistes parlent français. Ce ne sont pas seulement les philosophes et les poètes qui ont répandu l'usage de votre langue. Les abbés, les courtisanes, les comédiennes, les cuisiniers, les précepteurs, les lectrices, les dames de compagnie, les maîtres de musique ou à danser ont contribué à sa fortune. La France est puissante et admirée depuis un siècle et demi. Et elle a encore les ressources nécessaires pour jouer les prolongations et pour faire bonne figure. Au-dehors, en Europe, et au-delà de l'Europe, grâce d'abord à sa langue, la France, calme et sereine, à l'avant-garde des idées et de la mode, est à la tête des nations. Au-dedans, c'est une autre histoire.

Après la mort de Turgot et les échecs de Necker, après l'insolence de Beaumarchais, successeur de Marivaux, applaudie par la Cour, après l'affaire du collier du cardinal de Rohan, où la reine n'est coupable de rien, sinon – et c'est déjà beaucoup trop – de l'image qu'elle offre d'elle-même, chacun sent et sait que les choses ne pourront plus durer longtemps comme elles sont et qu'un cycle de près de deux siècles – disons, pour aller vite, l'absolutisme royal, une société bloquée, le système des privilèges, l'esthétique d'un classicisme brillant, mais en déclin... – est sur le point de s'achever.

S'ouvre l'une des cinq ou six aventures les plus inoubliables que j'aie jamais subies ou organisées. Il y a eu l'invention de l'écriture à Ur, un peu plus ou un peu moins de cinq mille ans avant vous. Il y a eu l'épopée d'Alexandre le Grand qui transporte l'hellénisme jusqu'aux bords de l'Indus. Il y a eu la chute de l'Empire romain. Il y a eu l'imprimerie et la découverte du Nouveau Monde. Et il y a la Révolution française.

La Révolution n'est pas le fait d'un de ces individus, précurseur ou conquérant, avec qui je me suis souvent confondue. Ce n'est ni une invention scientifique ou technique, ni une œuvre d'art, ni un ouvrage de l'esprit. C'est un bouleversement, une idée, une explosion collective. On s'est beaucoup demandé si elle aurait pu être évitée. C'est de nouveau l'histoire de la brioche de Bianca Cappello. La Révolution était nécessaire et inéluctable puisqu'elle a eu lieu. Il n'existe pas de plan B à mon parcours torrentiel. Il n'y a pas d'alternative. À chaque instant, dans la grandeur et la petitesse, dans la justice et la vanité, dans l'enthousiasme et dans l'horreur, ce qui est fait est fait et ne pouvait pas ne pas être fait. La Révolution vient de loin, elle a mûri, elle a été longuement préparée. Elle devient inévitable. Comme l'avait prévu Voltaire, elle éclate comme une grenade.

Elle tombe sur un pouvoir qui est tout sauf tyrannique. Il est faible et médiocre jusqu'à l'inconsistance, jusqu'à l'inexistence. Il manque d'idées et de volonté. Il n'est jamais à la hauteur des événements. Il lui aurait fallu aller au-devant des réformes, en prendre la tête, les imposer, et, en même temps, montrer sa force. C'est le contraire qui a été fait. On a rechigné devant le changement, on l'a accepté à contrecœur. Et on a laissé prendre la Bastille, s'installer le désordre, insulter la famille royale, massacrer les gardes suisses. Dès le début, pour le pouvoir qui a fait preuve à la fois d'aveuglement et de faiblesse, tout est perdu. Dix ans plus tard, un autre de mes avatars favoris, un homme nouveau, issu précisément de cette Révolution, dont il acceptait, partageait et garantissait les idées et les conquêtes, allait montrer avec éclat, dans un décor et un climat peut-être encore plus désastreux, ce qu'il aurait fallu faire et qu'on n'avait pas fait dix ans plus tôt : un jeune général, ami des Robespierre, du nom de Bonaparte.

À la veille de la Révolution, l'exemple de l'armée, et surtout de la carrière des officiers généraux, est éloquent. Plus vous montiez dans la hiérarchie, plus les quartiers de noblesse vous étaient nécessaires. Au lieu de s'assouplir, le système s'était encore durci. Le résultat ne s'est pas fait attendre. À la fin des années quatre-vingt, les grands capitaines ne se bousculent pas à la tête des armées de Turenne, de Condé, de Maurice de Saxe. Quelques années à peine plus tard, la Révolution libère les forces vives de la nation et m'offre tout un essaim de génies militaires.

Toutes les civilisations ont connu des révolutions. Mon avancée dans le temps, que vous appelez le progrès, s'est faite à coups de révolutions. En Mésopotamie, en Égypte, en Perse, en Grèce bien entendu ou à Rome, en Chine, dans l'Italie du Moyen Âge, dans le monde musulman, un peu partout, les exemples ne manquent pas de changements brutaux, d'usurpations, de séditions, de coups d'État suivis tantôt de succès et tantôt de répression. Des groupes ethniques, des clans, des familles, des intérêts, des ambitions personnelles n'ont jamais cessé de s'opposer. Akhenaton, puis Toutankhamon en Égypte, les Trente Tyrans et bien d'autres à Athènes, Marius et Sylla ou l'ascension d'Octave à Rome, la sédition Nika à Byzance, l'histoire de l'Angleterre ou de la Russie un peu avant ou après la France fournissent autant d'exemples de révolutions réussies ou ratées. Souvent, aux origines surtout, en Perse, à Byzance, chez les Grands Moghols, l'affaire se joue entre père et fils ou entre frères ennemis qui se massacrent à qui mieux mieux. La Révolution française, c'est autre chose. Elle ne se fait pas autour d'un homme ni autour d'une ambition. Elle se fait autour d'un élan. Elle se fait autour d'une idée. Elle ne veut pas changer de prince, de roi, de tyran. Elle veut changer le monde.

Un peu moins de deux mille ans plus tôt, un prophète juif qui se disait fils de Dieu avait déjà, avec une audace folle, mis les petits et les pauvres au-dessus des puissants et des riches, élevé le dernier des esclaves à la dignité de César, ouvert aux femmes jusqu'alors dédaignées et parfois opprimées les voies de la justice et de la liberté. La Révolution française s'inscrit dans cette lignée et, avec moins de douceur et plus de violence, amplifie le mouvement.

Vous imaginez avec quel enthousiasme je me suis jetée dans une aventure aussi neuve et aussi excitante qui semblait faite pour moi. « De l'audace, encore de l'audace, toujours de l'audace ! » disait un de ses héros. Je suis descendue dans les rues. Plus tard, j'ai rejoint l'armée. La liberté guidait nos pas. Nous semions l'égalité. Assez souvent dans le sang, nous répandions la fraternité. L'horreur se mêlait à l'enthousiasme, les rêves, plus d'une fois, se changeaient en cauchemars. Non content d'inventer un calendrier poétique et républicain voué assez vite à l'oubli, Fabre d'Églantine écrivait des bergeries :

> *Il pleut, il pleut, bergère,*
> *Presse tes blancs moutons...*

et Fouquier-Tinville, qui se moquait pas mal non seulement des bergères et de leurs brebis, mais des droits de l'homme et des avocats, expédiait à l'échafaud ses charrettes de condamnés. Après s'être attaquée à ses adversaires, la Révolution dévorait ses partisans. Être un artisan de la Révolution consistait le plus souvent, tôt ou tard, à en devenir la victime.

La guillotine représentait un progrès dans les cruautés de la peine de mort. L'exécution des régicides, et notamment de Damiens qui avait infligé une égratignure à Louis XV, laissait dans les esprits un souvenir horrifié. La guillotine était plus rapide et franchement plus humaine. C'était presque un plaisir d'y monter et de laisser derrière soi, à la façon de Mme du Barry, de Mme Roland, de Danton, de tant d'autres transfigurés par la mort, un mot de la fin réussi. Les femmes brillaient par leur courage. Les Girondins émouvaient la foule des nécrophiles. Les aristocrates les plus médiocres trouvaient enfin en eux-mêmes des ressources insoupçonnées.

Rattrapé par la guillotine, un partisan des Lumières demande et obtient d'échapper aux entraves et de garder les mains libres. Dans la charrette, il tient entre ses mains un livre qu'il lit avec attention. Arrivé à l'échafaud, il corne la page où il est parvenu et met l'ouvrage dans la poche de son habit. Malesherbes, le grand Malesherbes, qui avait protégé les Encyclopédistes et qui n'avait jamais caché son goût du progrès et de la liberté avant de défendre Louis XVI devant Fouquier-Tinville, emploie au cours de sa plaidoirie le mot de « roi » pour désigner l'accusé.

— Par quelle audace, tonne l'accusateur public, oses-tu utiliser le mot de « roi » en parlant du citoyen Capet ?

Malesherbes réplique :

— Mais par mépris de la mort, monsieur, et par mépris pour vous.

Peu de temps après le procès du roi, Malesherbes lui-même est envoyé à la guillotine. En descendant de la charrette au petit matin, il heurte un pavé et manque de tomber. Il s'écrie avec un sourire :

— Encore une journée qui commence bien ! Un Romain serait rentré chez lui.

Marie-Antoinette n'avait jamais brillé par le courage, l'intelligence, la profondeur. Elle donnait plutôt l'image d'une frivolité qui avait nui à la monarchie. Son procès suffit à transformer du tout au tout sa réputation dégradée. Miracle de la souffrance : peinte par David sur le chemin du supplice, l'insignifiante poupée s'est changée, sinon en sainte, du moins en victime et en héroïne.

Clemenceau dit quelque part : « La Révolution est un bloc. » Non. La Révolution n'est pas un bloc. Comme pour beaucoup de sentiments, beaucoup d'événements, beaucoup d'êtres humains, le meilleur et le pire se disputent le terrain. À tous ses partisans on rappellera ses horreurs. À tous ses adversaires on rappellera sa grandeur. Comme à Troie, j'étais partagée entre les deux camps. Frisées au petit fer et maquillées à la hâte, les têtes coupées au bout des piques constituaient l'acte de naissance du terrorisme moderne. Mais de grandes pensées se mêlaient à ces abominations. Un vent d'épopée s'était mis à souffler. Ce qui nous entraînait, c'était l'espoir d'un monde meilleur. Nos ennemis étaient le passé, l'injustice, la tyrannie. Nous allions changer la vie et inventer un bonheur qui, selon un autre de mes héros, âgé à peine de vingt-cinq ans, était une idée neuve en Europe.

Je ne suis pas là pour vous raconter ma vie de plus en plus foisonnante, mais pour évoquer quelques souvenirs qui m'ont éblouie ou indignée, terrifiée ou amusée. Je ne me suis attardée ni sur les victoires d'Alexandre, ni sur la chute de l'Empire romain, ni sur les démêlés entre la papauté et le Hohenstaufen. Je ne vous parlerai ni de la longue série des journées de colère à Paris ni du déroulement des guerres qui s'ouvrent trois ans après la prise de la Bastille. J'étais à Valmy, où Goethe, qui y était aussi, a pu s'écrier, je ne suis pas près de l'oublier : « À ce lieu et à cette heure commence une ère nouvelle de l'histoire du monde », à Jemmapes, à Fleurus. Passée en Italie, je me bats à Montenotte, à Dego, à Millesimo, à Mondovi et, un beau matin de printemps, j'entre à Milan avec le général Bonaparte, adversaire des royalistes avant de devenir roi lui-même, ami de Robespierre dont il détruit et conserve l'héritage, icône bottée d'une Révolution qu'il termine et répand, incarnation de la jeunesse du monde. Il a vingt-sept ans. Stendhal parle de nous, de lui et de moi, aux premières lignes de *La Chartreuse de Parme* : « Le 15 mai 1796, le général Bonaparte fit son entrée dans Milan à la tête de cette jeune armée qui venait de passer le pont de Lodi, et d'apprendre au monde qu'après tant de siècles César et Alexandre avaient un successeur. »

L'AMANT DE BELLILOTE

À chaque année son coup de théâtre, sa surprise, son aventure. Je cours après moi-même sans pouvoir m'arrêter. Je ne vais pas vous ennuyer avec tout ce que vous savez déjà par cœur. 1789 : prise de la Bastille. Nuit du 4 août. Déclaration des droits de l'homme et du citoyen. 1790 : Constituante. Constitution civile du clergé. Fête de la Fédération. 1791 : échec de la fuite à Varennes. Législative. Invasion des Tuileries. 1792 : massacres de Septembre. Convention. Comité de salut public. 1793 : exécution du roi. Exécution de la reine. Terreur. Début de la guerre de Vendée. 1794 : fête de l'Être suprême. Exécution de Robespierre. Exécution de Saint-Just. 1795 : Directoire. 1796-1797 : Bonaparte en Italie. Prise de Milan. Chute de Venise. 1798 : Bonaparte en Égypte.

Après les horreurs de la Grande Terreur, en face de l'hostilité d'une Europe qui va susciter coalition sur coalition, il fallait être un peu fou pour ajouter l'affrontement avec la flotte de Nelson à l'affrontement avec les armées impériales. Bonaparte n'était pas fou. Il était audacieux et prompt à la décision. À défaut de débarquer sur les falaises de Douvres ou quelque part sur les côtes de la Manche, l'idée, encouragée par Talleyrand, d'aller se mesurer à l'Angleterre du Second Pitt sur la route des Indes le séduisit aussitôt.

Il n'était ni le premier ni le dernier à être fasciné par les trésors de la Perse et les mirages de l'Inde. Alexandre le Grand l'avait été avant lui. Adolf Hitler allait l'être après lui. Alexandre avait conquis toute la Perse et les rivages de l'Indus avaient marqué à la fois son triomphe et sa limite. Le plan délirant du Führer, révélé par les documents retrouvés après sa mort dans les archives de Berlin, était d'assurer la jonction, quelque part du côté de la Syrie ou du nord de l'Iran, entre les troupes du maréchal von Kleist envoyées, au prix de risques inouïs, jusqu'au Caucase et à l'Elbrouz où allait flotter le drapeau rouge et noir à la croix gammée et l'armée d'Afrique du maréchal Rommel parvenue, par une série de coups de génie, jusqu'aux portes de l'Égypte.

La résistance des Anglais de Montgomery et d'Auchinleck et des Français de Kœnig et d'Amilakvari à Bir Hakeim et à Al-Alamein d'un côté, des Russes à Stalingrad de l'autre réduit ce rêve à néant. Si le front russe avait été enfoncé, si le front anglo-français avait cédé, aucun autre obstacle ne se serait plus présenté pour les troupes allemandes sur le chemin de l'Orient. La voie de l'Égypte, de l'Irak, de l'Iran – et du pétrole – était ouverte. Le cours de la guerre en aurait été changé. Pour des raisons évidemment différentes, mais comme Alexandre et comme Hitler, Bonaparte aussi est fasciné par l'Orient. Il déclare plus d'une fois qu'il n'y a plus grand-chose à attendre d'une Europe divisée et devenue trop petite pour lui. Puisqu'il semble impossible de débarquer en Angleterre, il faut aller frapper en Orient l'orgueilleuse nation.

Je m'appelle Pauline Bellile. Je suis née à Pamiers, dans l'Ariège d'aujourd'hui, en 1778. L'année de la mort de Voltaire et de Rousseau. Les habitants de Pamiers s'appellent les Appaméens. Il paraît qu'à vingt ans j'étais la plus fraîche et la plus jolie des Appaméennes. À Carcassonne, je rencontre un chasseur à cheval de belle allure : Jean-Noël Fourès. Je l'épouse. C'est comme ça aussi que, par la petite porte, l'histoire entre dans l'histoire pour les siècles à venir.

Le 19 mai 1798, je m'en souviens encore, l'année de mes vingt ans, le général Bonaparte s'embarque à Toulon sur le vaisseau l'*Orient,* avec non seulement une escorte militaire, mais toute une équipe assez fournie de savants, d'historiens, d'orientalistes, de mathématiciens parmi lesquels Monge, Bertholet, Fourier, Vivant Denon, plusieurs autres, tous déjà plus ou moins connus. Comment l'*Orient,* avant et après la prise de Malte en un clin d'œil, échappe à la flotte de Nelson, qui l'attend du côté de Chypre et des côtes turques, je n'en sais trop rien. Le général et tous les siens débarquent à Alexandrie.

À mon habitude, ce que tout le monde sait déjà – les relations du général avec les musulmans, son courage, son intelligence, ses victoires et ses défaites, Jaffa, Aboukir, Saint-Jean-d'Acre, l'épidémie de peste… – je ne le raconterai pas. J'ai presque tout oublié de ce qui se passait autour de moi. Je me souviens seulement d'une promenade à dos de chameau vers l'extrême fin du printemps ou le début de l'été, aux environs d'Alexandrie. Nous étions une dizaine ou peut-être une quinzaine de femmes d'officiers ou de sous-officiers. Nous avancions lentement sous un grand soleil quand une troupe brillante passa devant nous à toute allure dans un nuage de poussière. Elle ralentit à notre vue et mes yeux écarquillés croisèrent le regard du général Bonaparte que je reconnus aussitôt. Il s'arrêta un instant et, se penchant vers moi, il me demanda d'une voix brève, habituée à commander et à être obéie :

— Qui êtes-vous ?

— Général, lui répondis-je, je suis la femme du chasseur de la garde Jean-Noël Fourès.

— Eh bien, me dit-il, c'est un soldat heureux.

Et, piquant des deux, il me laissa sur place.

Quelques jours plus tard, ou peut-être une semaine ou deux, ou peut-être un peu plus, pour distraire les membres de l'expédition qui menaient une vie assez rude, une espèce de fête avait été organisée sous forme de banquet dans les jardins du Tivoli égyptien où se retrouvait volontiers la société élégante d'Alexandrie. Je m'y étais rendue sans Jean-Noël que les obligations du service avaient retenu ailleurs. Nous en étions à peu près au milieu du repas lorsqu'un officier d'ordonnance s'approcha de moi et me murmura à l'oreille quelques mots qui me laissèrent sans voix : le général m'invitait à sa table. J'hésitai un instant et je suivis l'officier.

La table du général était dressée sur une petite estrade où se pressaient une vingtaine de généraux et de colonels, tous plutôt jeunes, assez impressionnants et très gais. Bonaparte m'aperçut :

— Ah ! dit-il en souriant, voici notre belle Appaméenne !

Et il me fit signe de m'installer auprès de lui sur un siège laissé libre par un colonel qui venait de se lever pour m'accueillir.

Je n'ai pas besoin de vous faire un dessin ni d'employer de longues phrases pour vous dépeindre mon embarras. Je ne suis pas timide. J'étais Pauline, de Pamiers. Mais je suis toujours l'histoire, familière des grands hommes et des grands événements. Être assise pourtant, au centre d'une table d'officiers chamarrés, aux côtés du général le plus célèbre de son temps en dépit de son jeune âge avait quelque chose d'affolant. Je dois à la vérité qui me guide depuis toujours de dire que la fête fut un succès et le général, très charmant.

Il était pâle. Il parlait vite. Il s'adressait tantôt à Kléber, tantôt à Desaix, tantôt à Junot. Et tantôt à moi. Il travaillait à table comme il aurait travaillé dans son bureau, se renseignant, donnant des ordres. Et me fixant de ses yeux impérieux, il me disait des choses aimables.

La fête tirait déjà vers sa fin lorsque, d'un de ces gestes brusques dont il était familier, le général renversa un peu de vin sur ma robe de dentelle blanche. Tout est venu de là. Bonaparte se lève et s'excuse. Un garde se précipite. Deux musulmans étincelants – l'un d'eux s'appelait Roustan et devait devenir mon ami – proposent de m'accompagner dans une pièce sous la tente où je pourrais mettre un peu d'ordre dans ma toilette. Je les suis. À peine me suis-je assise sur un divan devant un miroir de Venise que la tenture d'entrée se soulève avec violence. C'est Bonaparte en personne.

La suite, je crois que tous la connaissent. Napoléon me prend auprès de lui. Jean-Noël est renvoyé en France avec trois mille francs. Pour quelques semaines, je règne pour ainsi dire sur l'Égypte. Les soldats m'acclament. Avec une affection ironique, ils m'appellent « Cléopâtre » ou « Bellilote ». Je ne me fais pas d'illusions. Je sais ce qu'il en est. Junot m'a avoué que le général venait de recevoir des lettres de Paris qui l'avaient plongé dans le désespoir. Il aimait Joséphine. Joséphine ne l'aimait plus. Un certain Hippolyte Charles, qui avait déjà apparu au temps de la campagne d'Italie, était entré à nouveau dans la vie de la jeune femme. Le général Bonaparte est en train de donner à la France tout un pan de l'Afrique du Nord. Il ne pense qu'à Joséphine qui ne pense plus à lui. Je dois à Hippolyte Charles, personnage falot dont je ne sais presque rien, mes liens avec Napoléon.

Je vois déjà dans l'avenir les comédiennes, les cantatrices, les soubrettes assiéger Bonaparte, l'affection croissante pour Pauline, la sœur préférée, d'abord femme de Leclerc, puis princesse Borghèse, les liaisons successives, la passion pour Marie Walewska, le mariage avec une Habsbourg qui fait du jacobin protégé par Robespierre le neveu de Louis XVI et de Marie-Antoinette.

Sous le masque de Bellilote, pas plus que sous les autres, je ne durerai pas. Pour le moment, je suis là. Avec une espèce d'ivresse mêlée d'un peu d'inquiétude. Figurez-vous que les Anglais se sont emparés du navire qui ramenait Jean-Noël en France. Et vous savez ce qu'ils ont inventé ? Ils ont fait prisonniers l'équipage et les passagers – avec une seule exception : Jean-Noël. Bien informés, ils l'ont renvoyé à Alexandrie. Le divorce est en cours. C'est une situation un peu embarrassante. Puisque je connais l'avenir aussi bien que le passé, je sais bien ce qui va se passer. Le divorce va traîner. Napoléon va rentrer en France. Joséphine se jettera à ses pieds. Parce qu'il l'aime et qu'il est un père pour les enfants qu'elle a eus de Beauharnais, Hortense et Eugène, dont il me parle souvent, il lui pardonnera tout. Moi, Kléber me recueillera et, bien des années plus tard, je finirai comtesse de quelque chose et dans la piété comme tout le monde. Je regarderai de loin Napoléon Bonaparte conquérir la France d'abord, l'Europe ensuite, et, en fin de compte, après un échec qui l'emporte sur tous les succès, des générations entières d'esprits, fascinés par une légende plus grande encore que la réalité.

Achille, dans l'*Iliade*, était le modèle d'Alexandre le Grand. Alexandre le Grand était le modèle de César. Alexandre et César sont, à leur tour, les modèles de Napoléon Bonaparte. Il est leur héritier. Peut-être est-il plus digne encore d'admiration que ses prédécesseurs. César descendait d'une illustre famille qui se réclamait de Vénus. Alexandre était fils de roi. Achille était fils d'une déesse. Napoléon Bonaparte sort d'une famille sinon modeste, du moins sans ancêtres ni pouvoir. Il n'est fils de personne. Il est fils de ses œuvres. Le successeur d'Alexandre, de César, de Charlemagne, de Charles Quint est un enfant de la Révolution. Il l'achève dans les deux sens du mot : il marque en même temps son triomphe et sa fin. Chacun peut comprendre que, d'un côté comme de l'autre, des royalistes et des jacobins se soient divisés sur sa personne. Chez les conservateurs et chez les progressistes, les uns l'acclament et les autres le rejettent. Il installe la Révolution en revenant à la monarchie. On dirait du Hegel avant Hegel :

il faut que la synthèse, c'est-à-dire lui-même, remplace et maintienne – c'est la fameuse *Aufhebung* – à la fois la thèse royaliste et l'antithèse révolutionnaire. Napoléon Bonaparte illustre mieux que personne ce que je suis, ce que j'ai toujours été et ce que je serai.

On raconte que, s'inclinant devant la tombe de Jean-Jacques Rousseau, Napoléon se serait écrié : « Il aurait mieux valu pour le monde que ni lui ni moi ne fussions jamais nés ! » Pour une quinzaine d'années au moins, ce qui est peu, et en vérité pour beaucoup plus, personne ne m'aura bouleversée avec autant de violence – dans mon avatar appaméen bien sûr, mais aussi bien au-delà – que Napoléon Bonaparte.

Bonaparte arrive au bon moment. Bien sûr il a de la chance. Mais il sait profiter de cette chance. Il a aussi du courage, de la rapidité et de la force dans l'esprit, une mémoire et une intelligence exceptionnelles. Au cours de la préparation du code civil, il stupéfie Cambacérès et son groupe de légistes en récitant par cœur des passages entiers du code Justinien qu'il avait étudié dans sa jeunesse. Tout le monde sait qu'il reconnaissait des grognards qu'il n'avait vus qu'une seule fois. Il n'était pas séduisant à la façon d'un Alcibiade ou d'un Lytton Strachey qui entraînaient tous les cœurs derrière eux, mais – je le sais mieux que personne – un charme puissant, qui tournait souvent à la fascination, se dégageait de sa personne et de son comportement. Les hommes qu'il envoyait à la mort l'adoraient. On se faisait tuer avec joie pour l'Empereur comme on se faisait tuer avec joie pour Alexandre le Grand ou pour Hassan al-Sabbah, le Vieux de la montagne. Dans l'attachement qu'il suscitait et qui allait jusqu'au sacrifice, il y avait quelque chose de mystique et de religieux.

L'amour, la dévotion que lui portaient ses hommes, il les leur rendait en retour. En dépit du mot fameux après la tuerie d'Eylau : « Une nuit de Paris réparera tout cela », il n'était pas cynique. Il n'était pas ingrat. Sur le pont d'Arcole où il s'était jeté avec audace au milieu de la mêlée, il aurait dû être tué par une balle autrichienne si l'un de ses aides de camp, le colonel Jean-Baptiste Muiron, ne s'était pas jeté devant lui pour mourir à sa place. Il ne devait jamais oublier cet acte d'héroïsme et il cultivait la mémoire de son sauveur. La frégate qui ramène le général Bonaparte d'Égypte à Toulon et qui, par un nouveau coup de chance incroyable au retour comme à l'aller, échappera à Nelson s'appelle la *Muiron*. La mort de Desaix à Marengo, la mort de Lannes à Essling arrachent des larmes à leur ami vainqueur.

Napoléon Bonaparte n'était pas cruel : il faisait la guerre. Comme Alexandre et comme Frédéric II. L'exécution du duc d'Enghien est un crime politique qui lui ouvre le chemin du pouvoir. Il constitue plutôt une exception dans quinze années d'absolutisme rigoureux mais rarement criminel. L'Empereur frappe ses ennemis, mais avec moins de violence que les Terreurs rouge ou blanche. La plupart du temps, il se déchaîne contre ses adversaires – Chateaubriand, Mme de Staël, et les autres… –, il les opprime, il les poursuit, il les exile. Mais il ne les tue pas. Lorsqu'un jeune Autrichien essaie de l'assassiner, il lui promet la vie sauve en échange du serment de s'abstenir de toute nouvelle tentative. Le patriote autrichien refuse. Il est exécuté.

Au terme d'une aventure foudroyante qui – à l'exception peut-être des conquêtes d'Alexandre, de l'expansion de l'islam au lendemain de la mort du Prophète, des raids de Gengis Khan de la Mongolie à la Syrie et à la Bulgarie – dépasse de loin toutes les entreprises du même genre, Napoléon Bonaparte clôt ce qu'il est permis d'appeler le « cycle français ». Ce cycle s'étend sur deux siècles et place au premier rang des nations la patrie de Louis XIV et du Comité de salut public, de Pascal et de Voltaire, de tant de poètes, de peintres, de sculpteurs, d'artistes et d'artisans de génie – et de la langue française. Avant François Iᵉʳ et l'édit de Villers-Cotterêts, avant Richelieu, *Le Cid* et les traités de Westphalie, après Waterloo, le retour des Bourbons et les débuts du romantisme, la France est déjà et encore capable de faire rêver les jeunes gens : elle ne règne pas sur le monde.

La brève carrière en forme de météore de Napoléon Bonaparte est une formidable réussite individuelle et une catastrophe collective. L'Empereur laisse derrière lui une œuvre considérable, une légende à jamais et une France affaiblie. Il a pris le pouvoir dans des circonstances effroyables. Le pays était une ruine financière et morale. L'industrie était au point mort. Le commerce périclitait. Les ports du Havre et de Marseille fonctionnaient au ralenti. Le chômage régnait. La sécurité n'était plus assurée. Il était très difficile de se rendre de Paris à Brest ou de Paris à Marseille sans risquer d'être attaqué. Les mœurs suivaient l'exemple de l'économie. Après la dictature sanglante de la Convention nationale et du Comité de salut public, le Directoire donnait une image incohérente de décadence et de chaos. En deux ou trois ans, le Premier consul relève la nation et, pendant une dizaine d'années, vole de succès en succès et forge la France moderne. Avec des hauts et des bas, le siècle de Louis XIV, les Lumières, la Révolution et l'Empire forment une chaîne continue et une marche triomphale qui s'achève, sinon en déroute, du moins en abaissement.

Le romantisme français est encore une grande chose. Hugo est une voix universelle qui s'adresse au monde entier et appelle l'Europe à s'unir. Claude Bernard, Pasteur, Courbet, Cézanne, Manet, Monet, Degas, Renoir, Rodin, Zola, Péguy, Proust, Louis de Broglie, beaucoup d'autres, des artistes, des musiciens, des écrivains, des médecins, des architectes, des savants donnent du second Empire et de la IIIe République une image brillante. À plusieurs reprises, autour de 1917, en pleine guerre – les Ballets russes, *Parade*, Dada, Tristan Tzara, Léger et Malevitch, l'invention par Apollinaire du mot *surréalisme…* –, puis entre 1920 et 1940, avec tant de peintres et d'écrivains, avec Matisse, Picasso, Gide, Claudel, Aragon, Valéry, Maurois, Mauriac, Morand, Montherlant, Martin du Gard, Saint-John Perse, Paris brille de mille feux. Mais déjà, après l'éclat de la grande littérature russe, s'étend l'influence des littératures américaine et japonaise. À Vienne, vers le début du siècle, autour de Freud, de Stefan Zweig, de Karl Kraus, de Joseph Roth, de Kafka, de Klimt, de Gödel, se développe un puissant mouvement intellectuel et esthétique. La France est toujours une grande puissance, mais parmi d'autres puissances : l'Angleterre, l'Autriche, la Russie, bientôt l'Allemagne et les États-Unis – en attendant l'Inde, le Brésil et la Chine. Le monopole français est terminé. Tout au long de deux siècles, je me suis confondue avec la France, avec son éclat, avec sa culture, avec sa langue. J'ai fait l'amour avec Bonaparte. Je reprends ma liberté. La France rentre dans le rang pour être une nation parmi les autres après avoir été leur modèle, leur inspiratrice et leur effroi.

LA CAUSE DU PEUPLE

Vous n'imaginiez tout de même pas que j'allais m'installer en France et vous raconter en détail ce que je suis devenue après la morne plaine, l'exil sous les tropiques, l'échec changé en légende et le retour sur scène des fantômes du passé ? « Retomber de Bonaparte et de l'Empire à ce qui les a suivis, c'est tomber de la réalité dans le néant, du sommet d'une montagne dans un gouffre. Tout n'est-il pas terminé avec Napoléon ? » s'écrie Chateaubriand, pourtant adversaire de l'Empire. « Je rougis en pensant qu'il me faut nasillonner à cette heure d'une foule d'infimes créatures dont je fais partie, êtres douteux et nocturnes que nous fûmes d'une scène dont le large soleil avait disparu. »

Non, je ne chanterai ici ni les derniers soubresauts d'une monarchie de moins en moins légitime, ni ses chutes successives et sans gloire, ni même les débuts difficiles d'une nouvelle République et d'une démocratie triomphante qui aurait tort de croire qu'elle m'occupe pour toujours. Je ne nasillonnerai ni de Vidocq qui deviendra Vautrin, ni de la duchesse de Berry, héroïne de mélodrame vénérée par Chateaubriand, ni de l'ascension romanesque de Decazes, ni du petit Thiers, ni de Morny, séduisant et léger, demi-frère de Napoléon III, ni de Mac-Mahon, duc de Magenta, maréchal de France, président royaliste d'une République toute neuve et encore incertaine – quand il prononce des mots devenus fameux : « Ah ! vous êtes le nègre ? Eh bien ! continuez », c'est à moi qu'il s'adresse –, ni de Jules Ferry, ni du général Boulanger, ni de Raymond Poincaré, ni d'Aristide Briand, l'ami digne d'estime de Gustav Stresemann, ni de Paul Reynaud, qui ont tous joué un grand rôle dans leur temps, ni de Gamelin, de Daladier, d'Albert Lebrun, le Romulus Augustulus de la IIIe République, déposé par les Barbares. Tous ces noms d'infimes créatures, d'êtres douteux et nocturnes vous disent peut-être encore quelque chose, mais de moins en moins. Illustres et plus qu'illustres hier ou avant-hier, ils sont déjà en train de s'effacer de cette mémoire collective qui me sert de support. Je ne donne pas cent ans pour qu'ils rejoignent – au mieux – dans un brouillard auguste mêlé de sidération les figures, éclatantes elles aussi dans un temps évanoui, d'Archélaos de Milet, de Catilina, de Caton l'Ancien ou d'Utique, de tous les Childebert et tous les Chilpéric, de Robert II le Pieux, le fils de Hugues Capet.

Longtemps, j'ai fréquenté des prophètes, des conquérants, des empereurs dont j'ai fait la grandeur – ou qui ont fait la mienne – et que vous avez croisés grâce à moi. Tous ceux, en un mot, que vous appelez mes « grandes figures ». Sorti de l'ombre et du silence, un personnage nouveau leur succède.

Qui donc ? Fils de la Convention nationale et du

Comité de salut public, semblable à Alexandre, à Omar, à Akbar, il est bienveillant et puissant, et parfois violent jusqu'à la cruauté. Il prend le pouvoir après toute une série d'aventures chantées un peu partout par les poètes et par les romanciers. Il est français d'origine, mais il devient assez vite un citoyen du monde. Je m'affiche avec lui, je me bats à ses côtés. Il fait de moi ce qu'il veut. Nous grandissons ensemble. Nous versons des larmes amères et nous rions aux éclats. Qui est ce héros des temps modernes, successeur des grands hommes dont il a pris la place ? Qui ? Mais le peuple, voyons !

Il l'emporte sur Wellington qui promène sa gloire dans les salons de la Restauration comme un piège à femmes obligatoire. Il l'emporte sur Disraeli qui donne un empire à la reine Victoria et dont la vie, à elle seule, est déjà un roman. Il l'emporte sur Bismarck qui fait surgir un Empire allemand de la Prusse des chevaliers Teutoniques et du Grand Frédéric.

Après m'être incarnée, tout au long des siècles dominés par l'hérédité, dans les princes et les rois, voilà que j'embrasse la cause du peuple et que je me confonds avec lui. En France et ailleurs, la Révolution donne enfin la parole au peuple.

À peine ai-je écrit ces mots sur les tablettes du temps qui constituent mes archives que je me retourne sur moi-même et que je m'interroge : ai-je vraiment donné la parole à ce peuple avec qui je me confonds ? Quel peuple ? Qu'est-ce que « le peuple » ?

La Révolution française est une révolution bourgeoise et la République qu'elle met au monde après plusieurs échecs est une République bourgeoise. Empruntant un chemin déjà tracé au loin par Louis XIV, la bourgeoisie a succédé à la vieille aristocratie célébrée par Saint-Simon. Forçons un peu le trait, mais à peine. Un refrain se met à rôder dans les mines du Nord et d'Uzès, chez les canuts de Lyon, parmi les paysans pauvres ou les pêcheurs ruinés, dans les bidonvilles et les banlieues, au sein d'un prolétariat issu du progrès industriel et de l'urbanisation : la bourgeoisie a volé au peuple la révolution qu'elle a accomplie en son nom.

Dans beaucoup de régions, et notamment dans cette Europe qui continue à régner sur le monde, la bourgeoisie domine les deux siècles qui succèdent à l'Ancien Régime, à la Révolution et à l'Empire. Beaucoup de définitions ont été données du bourgeois. Il est réservé et il a des réserves. Il ne s'engage jamais tout entier. Il a plus d'intérêts que d'idéal. Il aime le confort et il est conformiste. Il est prudent, sûr de lui, parfois chafouin, affolé de culture, près de ses sous. Il se réclame d'un passé d'ailleurs plutôt récent, d'un art souvent moderne pour essayer de donner le change, de la tradition, de la beauté. Il tente toujours de passer pour audacieux, mais il craint l'avenir, les artistes et l'amour. Il est plus familier des banques et des assurances que de l'agriculture et de la pêche en haute mer. Tout tient en un seul mot : l'argent. Orgueilleux et hautains, les aristocrates méprisaient un argent dont ils manquaient rarement. Les bourgeois ont un faible pour l'argent – même celui qu'ils n'ont pas et après lequel ils ne cessent jamais de courir.

— Et maintenant, grommelle Talleyrand, aristocrate passé aux idées nouvelles, dans le carrosse qui le ramène des Tuileries où il a rencontré le Premier consul et d'où il sort en successeur de Jacques Cœur, de Fouquet, de Mazarin, de Colbert, et maintenant, il faut faire une fortune énorme, une énorme fortune.

Et le même Talleyrand, à qui l'Empereur, lui reprochant son enrichissement, demande à quelles bassesses, à quelles trahisons il s'est livré pour parvenir à une telle situation, réplique sans ciller :

— Mais, Sire, rien de plus simple : j'ai acheté de la rente la veille du 18 brumaire et je l'ai revendue trois mois plus tard.

Le temps passe. Et plus s'installent et vieillissent tour à tour la Restauration, la monarchie orléaniste et les Républiques successives, plus – public ou privé, étalé ou caché – l'argent devient présent et pesant et gênant jusqu'au scandale. Avec l'aide de la science et de la technique, l'économie et la finance l'emportent peu à peu sur l'art, la religion, les mœurs, la politique. Je me demande ce que je deviens.

Ce que je deviens ? Une déchirure. Vous savez ce qui a occupé une bonne partie de mon temps après Waterloo et plus encore à partir du milieu du XIXe ? Ce sont les efforts du peuple pour reprendre aux bourgeois le pouvoir qui lui avait été promis par la Révolution et qui lui aurait été confisqué. La bourgeoisie a mis fin au règne, qui s'étend sur mille ans, de l'aristocratie et de la naissance. Tout au long de deux siècles, le peuple tente, un peu partout, de mettre fin au règne de la bourgeoisie et de l'argent.

Si vous voulez que je vous le dise avec un peu d'exaltation – voyez Guizot : « Enrichissez-vous ! » et toute la série des grands industriels conquérants en Europe, aux États-Unis, plus tard en Inde, en Russie, en Chine ; voyez les mots prêtés à Léon Blum : « Les banques, je les ferme ; les banquiers, je les enferme » ; voyez les grèves et les cortèges : « Des sous ! Des sous ! » ; voyez Hugo, Zola, Péguy, Anatole France, Simone Weil, Breton, Éluard, Aragon, les surréalistes, Drieu La Rochelle, Emmanuel Berl, Sartre, Camus, Raymond Aron et les autres, et, d'une manière ambiguë, le protestantisme lié à la fois d'un côté à la rigueur janséniste et de l'autre, par Max Weber, au capitalisme ; voyez l'Église catholique où les splendeurs artistiques et la somptuosité cardinalice côtoient le dénuement des Franciscains et des Chartreux ; voyez la légende des Rothschild, des Rockefeller, des tycoons et des oligarques, mais aussi de Barbès et de Blanqui, de Louise Michel et de Rosa Luxemburg, et surtout de Karl Marx, d'Engels, de Lénine, de Staline, de Trotski et des trotskistes (bien souvent passés à l'ennemi, c'est-à-dire aux affaires, à la banque, à la politique) ; voyez Mao Tsé-toung, Fidel Castro, Che Guevara, d'une certaine façon Adolf Hitler qui, à la tête d'un parti national-socialiste, peut passer à la fois pour un tribun du peuple et pour le défenseur de l'ordre établi –, si vous voulez que je vous le dise, je me confonds pendant deux siècles, après la Révolution française et l'empereur Napoléon, avec, d'un côté, la bourgeoisie et le capitalisme triomphant et, de l'autre, les rêves du socialisme et la tentation du communisme contre le capitalisme et le pouvoir de l'argent.

PENDANT LES TRAVAUX, LA MAISON RESTE OUVERTE

L'accélération des changements politiques et sociaux ne vous empêche pas de vivre, de penser à autre chose ou de ne penser à rien, de vous promener dans les forêts, de nager dans la mer, d'aller au théâtre ou à l'opéra, de lire des livres, de vous amuser et de rire. À travers les tempêtes et les bouleversements, je poursuis mon chemin. Pendant les travaux, la Maison reste ouverte.

Le plus souvent, je suis sinistre. Dès que je me mêle de quoi que ce soit – et je me mêle de tout –, tout finit toujours mal. C'est une manie : siècle après siècle, page après page, mes héros meurent, mes empires s'écroulent, mes civilisations disparaissent. Il n'y a pas d'exception. C'est comme ça. À la question si souvent posée par vos enfants ou par mes scribes : « Que se passa-t-il après ? » ou « Que se passera-t-il après ? », la réponse est toujours la même : « L'affaire échoua. » Ou : « L'affaire échouera. »

Quand je ne suis pas plongée dans le désespoir du temps qui passe et détruit ou de la mort qui guette, je suis solennelle jusqu'au ridicule et à la nausée. Ce ne sont que guerres – éclair ou interminables –, massacres, traités de paix, congrès, discours, alliances et ruptures, stratégies, ambitions, trahisons, ascensions, effondrements. Je suis un cauchemar que vous enseignez à vos enfants qui jurent chaque fois qu'ils feront plus et mieux que leurs parents et qui, génération après génération, font chaque fois la même chose : guerre, orgueil, violence, trahison, etc.

Grâce à Dieu, il y a un autre volet, un autre aspect des choses. Ennuyeuse à périr, brutale, violente, je suis aussi très gaie, fort plaisante, point méchante, charmante au lit et à table, et, comme me le murmurait en souriant M. de La Fontaine, douce d'humeur et tendre de corsage. J'ose le dire avec modestie et fermeté – mais les exemples ne manquent pas –, je me trouve franchement séduisante. Épuisante de coups de théâtre et d'énumérations de désastres, je sais plaire à la folie. Je suis la permanence et la diversité. Vallée de larmes, vallée de roses, je ne fais que changer et je ne change jamais.

Je n'en finis pas d'alterner le bien et le mal – ou ce qui vous apparaît à vous, pauvres de vous, comme le bien et le mal. Je n'en finis jamais d'enchaîner ce que vous appelez mes « grandes dates » et les incidents les plus minuscules de votre vie quotidienne qui relèvent aussi de moi. Je monte jusqu'aux étoiles, je descends jusqu'au ruisseau. Je passe des triomphes, des catastrophes, de tous les bouleversements, de la naissance et de la ruine des civilisations à vos problèmes de santé ou d'argent – qui vous occupent, je peux le comprendre, beaucoup plus que la fin de Troie ou la chute de l'Empire d'Occident – et à vos chagrins d'amour.

Mon nom est puissance, savoir, beauté. Il est aussi amour. « Aimez, aimez, me disait encore M. de La Fontaine en me caressant la joue au temps où j'étais servante à *La Pomme de pin*, tout le reste n'est rien. » Plus intéressant que la politique et que cette économie qui m'a prise en otage et dont on nous rebat les oreilles, l'amour remonte à la plus haute Antiquité. Il naît avec la pensée, avec le mal, avec moi. Qu'ai-je donc fait depuis toujours ? Ah ! bien sûr : Sumer, l'Égypte, la Grèce, la chute de l'Empire romain, la Chine, le monde arabe, mille ans de royauté, la Révolution française... Mais surtout : l'amour.

Les Égyptiens faisaient l'amour. Les Grecs faisaient l'amour. Les Romains faisaient l'amour. Lisez Catulle, Horace, Ovide. Je vous assure que vous faisiez l'amour en Mésopotamie et en Chine. En Inde. En Arabie. Chez les Turcs. Tout au long de la préhistoire, pendant des siècles et des siècles, et au Moyen Âge, encouragés par vos troubadours et vos Minnesänger. Dans les Amériques, en Russie, sous la neige et sous le soleil. À Bagdad, à Florence avec Boccace et son *Décaméron*, à Venise où l'amour tient une place considérable entre l'art, le commerce et la navigation. Et encore aujourd'hui, chez vous, et ailleurs. Partout, l'amour est à l'œuvre pour permettre à mon règne de n'avoir pas de fin.

Rien ne m'occupe autant que l'amour – si ce n'est la mort. Tout tourne et s'agite et invente et se transforme. Ce qui change le moins dans un monde qui ne cesse de changer, c'est l'amour et la mort. Éros et Thanatos. Comme une ombre d'éternité.

D'Ulysse et Calypso ou d'Énée et Didon, modèles du genre, avec, en prime, d'un côté, une ambition sans frein et, de l'autre, un suicide d'amour par le feu, à Tristan et Yseult – «Non, ce n'était pas du vin : c'était la passion, c'était l'âpre joie et l'angoisse sans fin, et la mort » –, d'Antoine et Cléopâtre à Roméo et Juliette, je ne suis rien d'autre qu'une longue histoire d'amour qui se répète toujours et finit par la mort.

Plus près de vous, de Musset, et George Sand, et Pagello, et Chopin, à Henri de Latouche et à la grande Marceline Desbordes-Valmore, chère aux surréalistes, pourtant peu indulgents –

> *J'ai voulu ce matin te rapporter des roses ;*
> *Mais j'en avais tant pris dans mes ceintures closes,*
> *Que les nœuds trop serrés n'ont pu les contenir...*
> *Respires-en sur moi l'odorant souvenir.*

– de Hugo et Juliette Drouet (et tant d'autres) à Flaubert et Louise Colet, de Marie Nodier aux trois sœurs Heredia, de Mérimée à Valentine Delessert, née Laborde, nièce de Natalie de Noailles, la pauvre Mouche, une des grandes amours de Chateaubriand qui va jusqu'en Orient chercher un peu de gloire pour se faire aimer d'elle, à Baudelaire et à sa Présidente, de Suzanne, l'irrésistible putain déchirée entre Berl et Breton, à Aragon entre Drieu La Rochelle, Nancy Cunard, Elsa Triolet et le Parti communiste, d'Ernest Hemingway à Scott Fitzgerald et Zelda, des milliers d'aventures et d'images de passions couronnées par la mort me viennent en foule à l'esprit. En revisiter une c'est revisiter toutes les autres.

Élevons-nous un peu, voulez-vous ? vers les horreurs de la passion et de la mort. Deux ans après la chute de Napoléon, dans une France qui se console mal de sa gloire évanouie, prenons, parmi beaucoup d'autres, pour exemple de ma continuité dans le changement une futilité et un chagrin. Le chagrin est la mort de Mme de Staël qui a incarné pendant un quart de siècle le libéralisme, la résistance à l'Empire, l'attachement à l'Europe et qui contribue à l'avènement de cette fureur sentimentale, de cette météorologie mélancolique – orages désirés, tempêtes, couchers de soleil… – que vous appelez romantisme ; la futilité – mais je suis aussi futilité – est le dîner qu'elle organise le 28 mai 1817, à la veille de sa mort, dans son hôtel particulier de la rue Neuve-des-Mathurins.

UNE MÈCHE DE CHEVEUX

Depuis longtemps, à Athènes ou à Rome, à Cordoue, à Bologne, à Florence, à Londres, à Vienne, dans les petites cours d'Allemagne, à Saint-Pétersbourg, à Paris bien entendu, à Boston et à New York, mais aussi en Chine, en Inde, en Perse, à Bagdad, je n'ai jamais cessé de réunir, loin du pouvoir et de l'argent, une petite minorité de privilégiés qui aimaient les idées, les livres, la beauté, la musique, la poésie et qui, de Socrate et d'Omar Khayyam à Goethe, à Henri Heine, à Lytton Strachey et au groupe de Bloomsbury, à Oscar Wilde, à Jean Cocteau, avaient pris l'habitude de se retrouver dans des salons, des tavernes, des jardins ou des palais. Poètes, philosophes, maîtres et disciples, gens du monde, abbés de cour, conspirateurs ou rebelles, ils partageaient des repas, ils dansaient, ils chantaient, ils récitaient des vers, ils faisaient des sonnets ou des mots d'esprit, ils conversaient entre eux.

La conversation est une des formes les plus hautes et la marque de la civilisation. Je n'ai pas été seulement servante, impératrice ou femme de pasteur. Je me suis aussi confondue avec la Pléiade, avec Mme de Rambouillet, avec la Chambre bleue, avec Mme de Tencin, avec Mme du Deffand, avec Julie de Lespinasse, avec les deux Goncourt. À Coppet, en Suisse, près de Genève, ou rue Neuve-des-Mathurins, à Paris, Mme de Staël s'inscrit dans cette tradition.

Fille de Necker, banquier suisse, adversaire de Turgot, ministre des Finances peu brillant de Louis XVI, Germaine de Staël est une raseuse de talent, qui a de l'avenir dans l'esprit. Napoléon la déteste, Stendhal l'admire et ne la supporte pas. Elle écrit dans un de ses livres quelques mots qui ont eu du succès à l'époque : « Il se ferait tout à coup un grand silence à Rome si la fontaine de Trevi cessait de couler. » « Cette seule phrase, dit Stendhal, suffirait à me faire prendre en guignon toute la littérature. » Lord Byron se déclare prêt à faire des miles et des miles pour éviter de la rencontrer. Intelligente, plutôt bonne, plutôt laide, toujours vêtue n'importe comment avec des turbans improbables et des chapeaux à fleurs, elle a des amis et des amies fidèles : Juliette Récamier, la plus belle femme de son temps ; le prince Auguste de Prusse, neveu de Frédéric II, amoureux de Juliette ; Prosper de Barante, auteur d'une célèbre *Histoire des ducs de Bourgogne* ; Narbonne, fils naturel de Louis XV, dont elle a un fils, Auguste, qui, bien entendu, c'est une maladie contagieuse, tombera à son tour amoureux de Juliette ; Benjamin Constant, l'auteur d'*Adolphe*, le partisan incertain et l'adversaire changeant de Napoléon, lui aussi amoureux de Juliette et dont Germaine a une fille, Albertine, qui deviendra duchesse de Broglie.

Avec ses délires et ses rebondissements en cascade

qui ont enchanté chroniqueurs et historiens, la liaison à éclipses entre Germaine de Staël et Benjamin Constant a fait couler des torrents d'encre et de larmes. J'ai passé beaucoup de mon temps à m'occuper de leur passion et de leurs démêlés. À la manière de Léonard de Vinci, de Leibniz, de Stendhal, de Hugo, Benjamin Constant se servait, dans son journal intime, d'un langage secret et chiffré. *1* signifiait le plaisir physique ; *2*, sa décision de rompre avec Germaine ; *3*, son hésitation à la quitter ; *4*, son travail – et ainsi de suite jusqu'au chiffre *17*. Le tout aboutissait à des résultats étonnants : « Soupé avec Mme Dutertre, *1*. Derechef, *2*, *4*, un peu. » Et le lendemain : « Lettre de Minette, *3*. Ah ! Que faire ? » Minette, de façon un peu surprenante, c'est Mme de Staël. J'ai oublié qui était Mme Dutertre, à qui malgré tout il me faut bien faire une place.

Mme de Staël avait le génie de la repartie. À un bougon qui trouvait sombre et ennuyeuse une tragédie à la mode, elle répond : « Je vois cela : vous voulez une tragédie qui fasse rire d'un bout à l'autre. » Assis entre elle et Juliette Récamier, un fâcheux claironne : « Me voilà installé entre l'intelligence et la beauté. » Elle réplique aussitôt avec vivacité et élégance : « C'est la première fois qu'on me dit que je suis belle. »

Si vive, si active, si gaie, Germaine de Staël ne va pas bien. Un soir de février 1817, elle se rend à un bal donné par le fils d'un avoué de Libourne, ancien secrétaire de Laetitia Bonaparte – Madame Mère –, successeur de Fouché au ministère de la Police, avant de devenir, grâce à son charme et à son intelligence, président du Conseil. Élie, duc Decazes, est le favori de Louis XVIII qui l'appelle « mon cher fils » et dit de lui : « Je l'élèverai si haut qu'il fera envie aux plus grands seigneurs. »

Au moment de gravir les marches de l'escalier, encombré d'uniformes et de robes du soir, de l'hôtel d'Élie Decazes, elle est frappée d'une attaque. Deux mois plus tard, elle se croit guérie. Auteur déjà illustre d'*Atala* et de *Génie du christianisme*, Chateaubriand va la voir. Il la trouve assise dans son lit, soutenue par des oreillers et brûlante de fièvre. Moins brillant que Necker, que Narbonne, que Benjamin Constant, que Prosper de Barante, que tous les autres autour d'elle, son dernier amour, un Suisse du nom de Rocca – dont elle disait drôlement : « La parole n'est pas son langage » –, en train de mourir lui-même, la regarde mourir. « Ces deux spectres qui se regardaient en silence, écrit Chateaubriand, l'un debout et pâle, l'autre assis et coloré d'un sang prêt à redescendre et à se glacer au cœur, faisaient frissonner. » D'un bout à l'autre de mon long parcours, ce qui m'aura le plus retenue et frappée, ce n'est pas l'ambition, le pouvoir, le savoir, l'orgueil : c'est l'amour et la mort.

Mourante, Mme de Staël, qui a le culte de l'amitié et qui aime les fêtes, invite encore ses amis à souper. Le 28 mai 1817 au soir, rue Neuve-des-Mathurins, autour d'une table présidée par Albertine et d'où est absente, malgré tout son courage, la maîtresse de maison occupée à mourir, Chateaubriand se retrouve assis à côté de Juliette Récamier. Ils sont déjà célèbres l'un et l'autre, mais ils se connaissent à peine. Le dîner est sinistre. Chacun est absorbé dans son chagrin et ses souvenirs. Les yeux obstinément baissés, Juliette et René n'échangent pas un seul mot. Mais à la fin du repas, leurs regards se croisent. L'un des plus célèbres de tous mes coups de foudre vient soudain d'éclater.

Lamartine travaille déjà à ses *Méditations poétiques*. Alfred de Vigny a vingt ans. Géricault peint sa *Course de chevaux libres à Rome*. Schubert compose ses Lieder. Cauchy s'attaque à sa théorie des fonctions d'une variable complexe. Niépce invente la photographie. L'Argentine et le Chili proclament leur indépendance, bientôt suivis par le Mexique, le Pérou, le Brésil. Comme Cléopâtre et Marc-Antoine, comme Tristan et Yseult, comme l'abbé de Rancé et la duchesse de Montbazon, un amour fou va unir jusqu'à la mort Chateaubriand et Juliette Récamier.

Trente ans plus tard, au moment où le peuple de Paris se prépare à renverser au son du canon le régime de Louis-Philippe, Victor Hugo vient voir rue du Bac l'auteur de *Génie du christianisme* et de la si belle *Vie de Rancé*, méprisée par Sainte-Beuve. Il raconte dans *Choses vues* sa dernière visite à l'écrivain légitimiste et chrétien qu'il avait tant admiré et qui, à son tour, vous ne faites jamais rien d'autre, est en train de mourir. Il le trouve couché sur un petit lit de fer à rideaux blancs dans une chambre simple et modeste comme une cellule. Les volets sont fermés. Le visage a une expression de noblesse. Au-dessus du lit, sur le mur, un crucifix. Aux pieds du mourant, il y a une grande caisse de bois blanc dont la serrure est cassée. Elle contient le manuscrit des *Mémoires d'outre-tombe*.

Quelques jours après la visite de Victor Hugo, le mardi 11 juillet 1848, Chateaubriand souffre beaucoup. Juliette ne le quitte pas. Elle est dans un état aussi pitoyable que le mourant. Il ne peut plus parler. Elle ne peut plus voir. Ses yeux ne lui servent plus qu'à pleurer. Il y a là une sœur de charité et un prêtre, l'abbé Deguerry, qui lui administre l'extrême-onction. Un vague murmure s'élève : le prêtre récite la prière des agonisants.

Soudain, à huit heures et quart, la prière s'interrompt sur les lèvres du prêtre et de la religieuse. Juliette, qui ne voit rien, entend ce silence. Elle comprend aussitôt que tout est fini de ce grand amour et de ce long bonheur. Alors, elle éclate en sanglots et, à tâtons, elle coupe une mèche de cheveux au front de l'Enchanteur qui ne lui avait donné ni son nom ni un enfant, mais un amour pour l'éternité.

LES PEUPLES CONTRE LES PEUPLES

J'ai pleuré et j'ai ri. Il y a de quoi rire : rien ne m'a autant amusée que la vie. Et il y a de quoi pleurer : je suis aussi la faim, la soif, la pauvreté, l'ignorance, la maladie, le chômage, les accidents, les séismes et les incendies, les chagrins d'amour, la dépression, la folie. Je suis surtout la guerre : c'est mon métier. Il prend beaucoup de mon temps. Le peuple aspire à la paix. Mais les peuples font la guerre.

De la guerre du feu à la guerre du Péloponnèse, de la guerre de Troie à la guerre de Cent Ans ou à la guerre de Trente Ans ; des Hittites ou des Peuples de la Mer à la Wehrmacht ou à l'Armée rouge, les hommes ont fait la guerre. Ils l'ont détestée. Et, souvent, ils l'ont aimée. Ils sont comme ça. Contradictoires. Je me suis demandé plus d'une fois si mes deux activités préférées au cours de ma longue – et si brève – existence n'étaient pas l'amour et la guerre. Les hommes ont besoin de recrues : ils font l'amour pour avoir des enfants qui pourront faire la guerre.

La guerre consiste à tuer des gens que vous ne connaissez pas et qui pourraient être vos amis si vous renonciez à les tuer. Autant que les catastrophes naturelles, la maladie, la misère, l'amour malheureux ou la haine, les guerres sont une source inépuisable de souffrance. Depuis longtemps. L'extermination, dont vous ne savez rien ou presque rien mais à laquelle j'ai assisté et participé (voilà que je me mets à ressentir le poids des siècles et à ressasser mon enfance...), de l'homme de Neandertal par ce frère plus prometteur que vous appelez, c'est assez comique, *Homo sapiens* n'a pas été une fête de famille très joyeuse. La destruction de Carthage par les Romains, de Bagdad par les Mongols, des empires aztèque ou inca par les Espagnols sont des événements célèbres et abominables. D'une foule d'images de massacres et de haine – de la bataille d'Andrinople où un empereur est tué à Auschwitz et à Stalingrad, de la bataille d'Eylau au Chemin des Dames et aux bombardements de Dresde ou d'Hiroshima –, je garde un souvenir d'horreur. Vous, vous semblez partagés entre la fascination et l'épouvante. Ne parlons même pas des paroles de *La Marseillaise* – «Qu'un sang impur abreuve nos sillons !... » – ni des discours patriotiques prononcés le dimanche. L'*Iliade* d'Homère chante à la fois le courage d'Achille et d'Hector, l'ivresse de la victoire, la grandeur de l'épopée inscrite pour toujours dans la mémoire des générations à venir et les larmes de Priam, d'Hécube, d'Andromaque à la mort d'Hector. Les hommes qui aiment tant la guerre n'ont jamais cessé de la redouter et d'en guetter la fin, décrite par le grand Malherbe :

Et le peuple, qui tremble aux frayeurs de la guerre,
Si ce n'est pour danser, n'orra plus de tambours.

Craintes et maudites par les femmes, les guerres n'ont jamais cessé. Je les ai même vues, au fil des siècles – je me suis beaucoup battue pour les motifs les plus divers, j'ai souvent été mascotte, cantinière, infirmière, ambulancière... –, étendre et renforcer leur capacité de souffrance. La Révolution française, c'est sa grandeur et sa responsabilité, les fait changer de registre.

Après la rafale des guerres dont Louis XIV lui-même regrettait la violence et le nombre, les conflits au XVIIIe siècle, en Europe, ne sont pas des plaisanteries, mais ils ont réussi en quelque sorte à s'humaniser et à se civiliser. À Fontenoy ou à Rossbach, batailles très différentes d'Andrinople ou de Stalingrad – ne parlons même pas d'Hiroshima –, un nombre limité de soldats de métier sont payés pour se faire tuer. Les généraux, qui, à défaut de génie, portent le plus souvent de grands noms, échangent des politesses et quelque chose qui ressemble à des mots d'esprit. Il n'est pas rare qu'un officier supérieur reconnaisse dans le camp adverse un compagnon de chasse ou de plaisir et vienne à son secours. Vous mouriez bien sûr, mais de façon, sinon agréable, du moins plus mesurée et plus décente que sous les bombes atomiques ou à fragmentation. La guerre n'est jamais un jeu, mais, moi qui ai connu et organisé tant de batailles et de sièges et le banquet de Ravenne, je soutiendrais volontiers qu'au temps de Louis XV et des Lumières il s'agit plutôt de duels ou de tournois collectifs. Je leur ai donné moi-même le nom de « guerres en dentelles ». Et puis, comme le reste, comme tout le reste, je vous ai changé tout ça. J'ai rebattu les cartes du sacrifice et de la souffrance.

L'affaire tient en un mot : la Révolution invente la levée en masse. Elle invente le peuple au combat. Ce ne sont plus des mercenaires envoyés se faire tuer sur les champs de bataille par des seigneurs de la guerre qui se détestent souvent, mais aussi parfois se connaissent et s'estiment. C'est le peuple tout entier qui se porte aux frontières, d'abord pour repousser les invasions étrangères, ensuite pour répandre autour de lui et grâce à lui, à défaut de fraternité, la liberté et l'égalité.

J'ai été tué à Troie. J'ai échappé de justesse à la mort en Syrie aux côtés d'Abd al-Rahman. J'ai été tué à Bagdad par les Mongols d'Hulagu. J'ai été tué à Constantinople par les Turcs et au Mexique ou au Pérou par les Espagnols parce que j'étais indien. Parce que j'étais protestant, parce que j'étais allemand, j'ai été tué dans les Cévennes et dans le Palatinat par les dragons de Louis XIV. J'ai fait la guerre très joliment dans l'Europe française au temps des Lumières. Voilà que je me prépare déjà, au loin, à me débattre et à mourir dans la boue des tranchées et sous les bombes envoyées sur les villes.

Les gens, sous l'Ancien Régime, souffraient beaucoup des guerres. Ils en étaient pour ainsi dire les victimes extérieures et les dégâts collatéraux. Ils en restent toujours les victimes, mais à l'intérieur du système : ils en deviennent les otages et les cibles. Les dégâts sont toujours là, mais ils ont cessé d'être collatéraux. Ils sont massifs et universels.

Longtemps, les affrontements se limitent encore à des hommes dans la force de l'âge. Il faudra attendre ce que vous appelez votre XXe siècle – dont, franchement, je ne suis pas folle – pour que j'entraîne hors de ce monde et de la vie, dans des guerres souvent civiles, sous des déluges de fer et de feu, les femmes, les vieillards, les enfants dans les écoles, les malades sur leur lit d'hôpital. Guernica. Stalingrad. Auschwitz. Katyn. Dresde. Hiroshima.

Avant ces sommets qui sont autant d'abîmes, les guerres s'imposent encore des règles, mais jettent déjà les uns contre les autres des peuples regroupés sous le nom de nations. Ils apprennent assez vite et sans peine à se haïr entre eux. Ici ou là, des voix s'élèvent – une des plus fortes sera celle de Jaurès – pour mettre en garde contre ces tueries. Au temps des conquérants, des flots de sang versés sur un champ de bataille avaient converti au bouddhisme l'Indien Asoka. Au temps de l'éveil des peuples, et notamment de l'Italie, une autre mêlée atroce, Solferino, en Lombardie, où mon cadavre gît sur le sol dans un uniforme de zouave, incite un philanthrope suisse, Henry Dunant, à fonder la Croix-Rouge. Après la mort de Dunant qui reçoit en 1901 le prix Nobel de la paix, je suis un de ceux qui s'efforcent de poursuivre son action. C'est à l'époque même où va se déchaîner la folie meurtrière qui culmine en deux guerres mondiales que, paradoxe ou conséquence, se fait jour avec peine une volonté de paix et de respect mutuel. L'entente entre les peuples aura beaucoup de mal à l'emporter sur la méfiance et la détestation. Je ne tarderai pas beaucoup, sous différents uniformes, à dépasser en horreur l'horreur de Solferino.

Plus encore que les guerres, refrain, entre l'Autriche et la France en Lombardie, entre la Prusse et l'Autriche, entre la France et la Prusse, entre l'Espagne et les États-Unis, entre les Boxers et l'Europe en Chine, entre la Russie et le Japon, la guerre de Sécession américaine avec ses six cent mille morts est annonciatrice des désastres de l'avenir. La catastrophe ne tarde pas : attendue avec impatience et presque souhaitée par beaucoup de mes acteurs et de mes marionnettes en Allemagne et en France, la première guerre totale, que vous appelez la Grande Guerre, s'abat sur le pauvre monde.

Déclenchée par un fait divers presque dérisoire, qui sert de prétexte à des haines recuites, la Grande Guerre est une guerre civile aux dimensions mondiales. Dénoncée par un petit nombre de grands esprits qui, d'un côté comme de l'autre, passent aussitôt pour des traîtres, elle va provoquer de grandes souffrances dans les deux camps, entraîner la mort de plus de huit millions d'êtres humains et ouvrir la voie au déclin de l'Europe.

La science et la technique se mêlent étroitement à une guerre qui constitue pour elles un terrain d'expériences et une promesse de développement. Les chars d'assaut, les gaz, les bombardements de masse font leur apparition. Depuis le début du siècle, des avions plus lourds que l'air sillonnent déjà le ciel, mais, d'un côté et de l'autre, entre chasse et bombardements, les exploits des pilotes sont pain bénit pour le progrès de l'aviation.

Au lendemain de la Grande Guerre, l'Europe est bouleversée. Et moi aussi. Quatre empires sont détruits. Sur les ruines de l'empire tsariste, la Russie communiste de Lénine se change en URSS avec Staline à sa tête. Sur les ruines de l'empire ottoman, Atatürk, successeur du sultan, s'efforce de construire une république moderne.

Sur les ruines de l'empire d'Autriche surgissent des nations nouvelles. L'existence de plusieurs d'entre elles sera tragiquement brève. Au cœur de l'Europe, l'Allemagne impériale n'est pas seulement vaincue : elle est humiliée, livrée au chaos, écrasée par des dispositions économiques et financières qui vont assez vite entraîner le chômage, faire exploser la monnaie, rendre la vie impossible à des milliers d'hommes et de femmes. Dix fois, vingt fois, jeune étudiant ou mère de famille, je me rends dans une pharmacie ou dans une pâtisserie pour acheter une brosse à dents ou un pain au chocolat : mille marks. Je rentre chez moi chercher un peu de cet argent qui ne vaut plus grand-chose. Je reviens dans ma boutique : deux mille marks. Trop durs pour ce qu'ils ont de faible, trop faibles pour ce qu'ils ont de dur, les traités qui mettent fin à la Première Guerre mondiale recèlent déjà les germes de la Seconde.

La Seconde est pire que la Première. La violence, la souffrance, la cruauté, le mépris et la haine de la vie sont de tous les temps. Partout et toujours, les hommes ont tué des hommes. Ce qui est nouveau avec les guerres mondiales, c'est l'immensité de la catastrophe – entre soixante et soixante-dix millions de morts en neuf ans de guerre – et la bureaucratisation et la banalisation du meurtre des civils, qui atteint un chiffre peut-être à peu près équivalent à celui des victimes militaires de la guerre. La torture et le crime deviennent non seulement des instruments de pouvoir, mais une routine administrative. Les Juifs sont exterminés en masse non à cause de leurs actes ni même de leurs opinions, mais parce qu'ils sont juifs. Les koulaks sont massacrés parce qu'ils se sont enrichis. En Chine, au Cambodge, au Rwanda, la famine organisée, la Révolution culturelle, les haines idéologiques ou ethniques sèment la terreur et la mort. Un être humain né entre la Belle Époque et les Années folles pour vivre un demi-siècle aura connu une des périodes les plus sombres de ma carrière et toute l'horreur d'être un homme.

Et moi, qu'est-ce que je deviens ? Ce que je deviens ? Que voulez-vous que je devienne ? Entre le peuple qui prend le pouvoir et les peuples qui se combattent, je suis communiste et fasciste. J'ai un culte pour Brasillach et pour Roger Vailland, qui étaient d'ailleurs ensemble à l'École de la rue d'Ulm. Je m'inscris au Parti, au seul parti, au parti unique, d'un côté ou de l'autre, et je vénère mon grand homme : Lénine, Staline, Trotski, Mussolini, Hitler, Mao Tsé-toung et les autres. Je suis aussi et surtout Rachel ou Sarah, une petite fille juive aux grands yeux, arrêtée par la Gestapo et envoyée mourir à Auschwitz ou à Bergen-Belsen. L'image si cruelle de cette souffrance d'enfant jette comme un trait de lumière sombre dans la nuit de ce temps.

Dans un café de Moscou, j'échange quelques mots avec Aleksandr Soljenitsyne. Je suis le chauffeur d'un général français à Londres, puis à Paris et, en même temps, une de ces Anglaises blondes, héroïques et sportives qui servent leur pays coûte que coûte : je conduis sous les bombes la voiture d'un amateur de whisky et d'un fumeur de cigares en Angleterre, vers la fin de l'été et pendant l'automne de 1940. Une chance : les deux plus grands hommes, avec Einstein et Jean-Paul II, de votre foutu XXe siècle. Je suis déporté en Sibérie en 1937 et décapité à la hache en Prusse en 1944. Il m'arrive, pour la première fois dans ma longue carrière, de me confondre avec un objet parmi d'autres : le 23 août 1939, je suis le stylo avec lequel Joachim von Ribbentrop et Viatcheslav Molotov apposent leur signature sur le pacte d'alliance entre Hitler et Staline. Et le 20 juillet 1944, dans la *Wolfsschanze* – la « Tanière du loup » –, je suis la serviette en cuir du colonel Claus von Stauffenberg, posée sous la table où est assis le Führer et qui aurait dû, en explosant, le faire disparaître si elle n'avait pas été – toujours la brioche de Bianca Cappello et toujours le destin – déplacée par mégarde.

À l'extrême pointe du vieil ensemble de l'Asie et de l'Europe où j'avais connu mes plus vieilles et plus anciennes et plus belles aventures se joue un des drames les plus formidables de ma longue carrière. Après mille ans d'histoire, la France est écrasée en dix jours par le national-socialisme hitlérien. S'engage alors un duel qui marquera tout le demi-siècle à venir et dont je garderai longtemps le souvenir : il dresse l'un contre l'autre un maréchal de France et un général de brigade à titre temporaire. Longtemps, je parais hésiter entre les forces en présence. Et puis, mon verdict tombe : je donne tort à Pétain et raison à de Gaulle. À la fin des fins, après tant d'échecs, de chagrins, de batailles, je rejette dans mes poubelles et Hitler et Staline.

Dans mille ans, ou peut-être avant, les trois guerres en soixante-dix ans entre la France et l'Allemagne ne se distingueront plus entre elles et constitueront, à la façon de la guerre du Péloponnèse, de la guerre de Cent Ans ou de la guerre de Sept Ans, un ensemble un peu flou.

Pendant deux siècles de grâce, la France a régné sur l'Europe qui régnait sur le monde. Deux guerres mondiales successives à vingt ans de distance, des dizaines de millions de morts sur les champs de bataille et dans les villes bombardées, des dizaines de millions de victimes de purges politiques, de déplacements meurtriers, de famines organisées suffisent, avec le chômage et la crise économique, à détruire le moral et l'espérance du Vieux Continent et à mettre fin à sa prédominance. S'ouvrent les temps d'une Chine où règne aussi la violence, de l'Inde, de l'Asie, de cette Afrique d'où je sors et qui se réveille à son tour d'un long sommeil à mes côtés. À une Europe dominée par la France succède un monde qui a cessé d'être dominé par l'Europe. Il est et il sera dominé par la science.

PLUS FORT QUE LE POUVOIR
ET AUSSI BEAU QUE L'ART

Le remplacement de la naissance et de l'hérédité par la volonté du grand nombre, la prise du pouvoir par le peuple et les affrontements entre les peuples, les aspirations des laissés-pour-compte en face de la bourgeoisie et de l'argent, les progrès de la démocratie et sa lutte contre les dictatures qui naissent de la misère et du désespoir avant de les répandre à leur tour, deux guerres totales de plus en plus dévastatrices et la crainte d'une troisième ne suffisent pas à épuiser les deux siècles qui suivent la chute de Napoléon ni à me définir. Quelque chose d'autre surgit en moi pour occuper une place toujours croissante. Quelque chose qui n'est pas tout à fait inédit dans ma longue carrière, mais qui prend soudain une place décisive et nouvelle dans ma vie collective et dans chacune des vôtres : la science.

L'affaire remonte assez loin. Il me faut ici retourner en arrière. En Chine, en Inde, en Mésopotamie où balbutie l'écriture, en Égypte, je distingue, dès ma jeunesse, à travers le commerce ou l'astrologie, des élans, évidemment pathétiques et avortés, vers une activité qui annonce déjà, de très loin, un désir de science. Vous le savez depuis toujours et pour toujours : c'est sur les bords de la Méditerranée, en Grèce, en Ionie, en Grande-Grèce, autrement dit dans le sud de l'Italie, que naissent et se développent les rudiments non seulement de la philosophie, mais des mathématiques, de la géométrie, de l'astronomie, qui se confondent d'ailleurs longtemps avec la philosophie. Les uns, avec Thalès de Milet, Anaximandre, Anaxagore et leurs semblables, s'interrogent sur la nature des choses et cherchent une cause première. Les autres, avec Leucippe et Démocrite, soutiennent que la matière est composée d'atomes. D'autres encore, avec Aristarque ou Ératosthène, regardent les étoiles et plantent des bâtons dans le sol ou contemplent les colonnes des temples sous le Soleil pour observer leur ombre. Ils tentent de mesurer la distance de la Terre au Soleil et de se faire une idée, d'ailleurs assez exacte, des dimensions de notre demeure dont ils soupçonnent déjà la rotondité mais qu'ils situent tout naturellement au centre de l'univers. Quelques siècles plus tard, en Égypte, à Alexandrie, alors capitale culturelle du monde connu, un astronome grec, Ptolémée, fera la synthèse des théories de ses prédécesseurs et établira pour près de mille cinq cents ans une image de l'univers qui rende compte le mieux possible des observations de son époque.

Astronomes, physiciens, géologues, philosophes, tous ont besoin de cette reine des sciences qu'est la mathématique. Les ancêtres, dans ce domaine qui commande tous les autres, ont aussitôt été des maîtres. Pythagore, dans un halo de légende, de secret et d'initiation, Euclide avec ses *Éléments*, Archimède, inventeur de machines de guerre, géomètre et mathématicien de

génie – π = 3,1416... –, fondateur de l'hydrostatique
– « Tout corps plongé dans un liquide... –, sont les premiers artisans de cette science dont dépend désormais
votre vie de chaque jour.

Je ne cesse jamais de mêler des détails minuscules à
mes grandes entreprises. Et je me trompe comme tout le
monde. Et je traîne comme tout le monde des remords
derrière moi. Une de mes pires erreurs, et je m'en
repens amèrement, est d'avoir mis fin avec violence à la
vie d'Archimède.

Rome, en ce temps-là, était en guerre contre Carthage.
Patrie d'Archimède, Syracuse, en Sicile, avait fait le (mauvais) choix de s'allier à Carthage. Le consul Marcellus
entreprit de châtier la rebelle. Et il mit le siège devant
la perle de la Grande-Grèce.

Défendue par Archimède, la ville résista longtemps.
Au bout de trois ans, les légions romaines entrèrent
enfin dans l'île d'Ortygie qui est le cœur de Syracuse
et où aboutit, grâce à la fontaine d'Aréthuse, berceau
légendaire de la cité, le fameux fleuve Alphée, cher aux
mythologues, aux historiens de l'Antiquité, aux amateurs
de mots croisés et à Roger Caillois, auteur trop oublié,
vers le milieu du XXᵉ siècle, d'ouvrages improbables et
enchanteurs. D'après la légende, la nymphe Aréthuse,
poursuivie par le fleuve Alphée, qui coule dans le Péloponnèse aux environs d'Olympie, et pensant lui échapper, s'était réfugiée dans l'îlot d'Ortygie pour se changer
en source. Le fleuve, qui était un dieu, passa sous la
mer Ionienne et rejaillit à Ortygie dans la fontaine de
la nymphe.

Le consul Marcellus, qui n'ignorait ni le nom, ni la

réputation, ni le génie d'Archimède, avait donné à ses légionnaires, dont j'étais sous le nom de Marcus Tullius, l'ordre le plus strict d'épargner la vie du savant qui organisait et incarnait la défense de la ville.

Je me souviens. Je traverse des espaces rendus déserts par la guerre. Sur une plage, au bord de la mer, j'aperçois soudain un homme déjà âgé, peut-être autour de soixante-dix ou soixante-quinze ans, qui trace en silence dans le sable des figures mystérieuses. Des points, des lignes, des cercles, des carrés, des triangles. Sans brutalité, je lui demande ce qu'il fait là et ce que signifient ces signes sur le sable. Absorbé dans sa tâche, il ne me répond pas. Je répète ma question avec un peu d'irritation. Sans même tourner la tête, il laisse tomber :

— Fiche-moi la paix.

Les historiens des sciences américains ou anglais emploient dans leurs récits la formule : *Leave me alone.*

Alors, indigné de tant d'indifférence et d'insolence à l'égard d'un vainqueur, je tire mon glaive et je le lui plonge dans le cœur.

Sous les traits d'un légionnaire romain au temps de la République – vous voyez la scène ? –, j'ai tué Archimède. Il n'y a pas de quoi se vanter.

Personne n'ira prétendre que, d'un bout à l'autre de votre Moyen Âge, tout au long de mille ans, il n'y a plus de savants du premier ordre en Occident après Archimède et Ptolémée. Les seuls noms de Gerbert d'Aurillac et de Leonardo Fibonacci suffisent à prouver le contraire. Mais que font-ils l'un et l'autre ? À quoi tendent leurs recherches ? Ils jouent le rôle d'intermédiaires, de passeurs. Ils introduisent en Occident la mathématique arabe – et d'abord le zéro, votre fameux zéro qui, avant d'être utilisé et banalisé par les savants arabes, avait été inventé aux Indes, cinq cents ans après le Christ, par ce mathématicien et astronome de génie que nous avons déjà rencontré : Aryabhata.

L'invention et la carrière du zéro constituent une de mes plus formidables aventures. Une épopée qui vaut bien la guerre de Troie, les conquêtes d'Alexandre, les raids de Gengis Khan ou les campagnes de Napoléon Bonaparte. Attachez vos ceintures.

Quelque trois cents ans après Aryabhata, l'islam du Prophète, d'Omar et de leurs successeurs est à son apogée. Le monde musulman s'étend des Pyrénées aux bords de l'Indus en passant par Samarkand et par la Sicile. Haroun al-Rachid règne avec éclat sur Bagdad et correspond d'égal à égal avec Charlemagne à qui, souvenez-vous, il envoie une girafe et une horloge à eau. Bientôt, *Les Mille et Une Nuits* retraceront la vie quotidienne dans la plus grande, la plus belle et la plus vivante des villes de cette époque où Rome, réduite à l'état de bourgade, n'est plus que l'ombre d'elle-même.

C'est autour de l'an 800 que l'usage du zéro se répand dans le monde islamique et qu'un de mes plus illustres savants, le Persan al-Khwarizmi, rédige en langue arabe deux ouvrages qui fondent les mathématiques en résolvant des équations du premier et du second degré : *Al-jabr* et *Al-muqabula*. Votre mot « algèbre » vient de l'arabe *al-jabr* qui signifie « réduction ».

Deux cents ans plus tard, Othon Ier le Grand est le premier des empereurs du Saint Empire romain de nationalité germanique. Après s'être efforcé de reconstituer l'empire de Charlemagne, il transmet sa couronne à son fils, Othon II. Othon II lui-même a un fils, Othon III, qui mourra à vingt-deux ans. L'éducation du jeune prince est confiée par Othon II à un savant français de grande réputation que j'ai beaucoup aimé : Gerbert d'Aurillac.

De la stature d'un Frédéric II ou d'un Thomas d'Aquin, très vite célèbre pour son savoir, Gerbert d'Aurillac poursuit ses études à Rome et se fait remarquer, en 987, par son rôle dans l'accession de Hugues Capet à la couronne de France. Archevêque de Reims, puis de Ravenne, il sera, sous le nom de Sylvestre II, le pape de l'an mille. C'est lui qui fait connaître en Occident les travaux d'al-Khwarizmi et le rôle du zéro dans le système décimal.

Deux cents ans, à nouveau, après Gerbert d'Aurillac, Leonardo Fibonacci, à Pise, utilisant les chiffres arabes et notamment le zéro, se servant de la notation décimale, présentant au passage la fameuse « suite Fibonacci » où chaque terme est égal à la somme des deux termes précédents – 0, 1, 1, 2, 3, 5, 8, 13, 21... –, reprend à son tour, dans son *Liber abbaci*, les travaux d'al-Khwarizmi. Un autre de ses ouvrages, le *Liber quadratorum* – nous sommes un peu après 1200 –, à qui peut-il bien le dédier ? Mais à une vieille connaissance : à Frédéric II Hohenstaufen, successeur sur le trône du Saint Empire de la série des Othon dont le dernier, Othon IV, excommunié par Innocent III qui soutient, avec imprudence, la candidature du Hohenstaufen, est battu à Bouvines par Philippe Auguste. Comme je me suis amusée entre savoir et pouvoir !

Vous me reprocherez sans doute encore de faire la part trop belle à la culture musulmane. Qu'y puis-je ? Avec la

Grèce et Rome, avec l'héritage intellectuel et moral de la pensée judéo-chrétienne, l'Occident et l'Europe ont forgé une culture qui a longtemps régné avec magnificence sur le monde. Beaucoup d'entre vous ont le droit et peut-être le devoir de se réclamer de cette grande tradition. Je ne me limite pourtant pas à ces lumières de l'Ouest. Avec l'Inde, avec la Chine, avec la Perse, avec le monde arabe, l'Est aussi brille de mille feux. Je pourrais vous parler longuement non seulement de la tradition judéo-arabe et de Maimonide que nous avons croisé à Cordoue, mais aussi de deux savants du premier rang, philosophes, médecins, juristes, qui ont beaucoup contribué, un peu après l'an mille, à l'avancement de cette science qui, beaucoup plus que le pouvoir et autant que l'art ou la littérature, a fait ma grandeur et ma joie : Ibn Sina et Ibn Ruchd, que vous êtes nombreux, au nord et à l'ouest, en France, en Italie, en Pologne où va se jouer le prochain épisode, à appeler Avicenne et Averroès.

LA SCIENCE ET L'ÉGLISE

En Orient, les savants arabes et persans sont familiers des travaux d'Aristote et de Ptolémée. Après l'effacement d'une Grèce vaincue et assimilée par Rome, après le déclin et la chute de l'Empire romain lui-même, après les grandes invasions et les années sombres entre l'Antiquité tardive et le haut Moyen Âge, le flambeau de la culture et de la science est passé aux mains des poètes, des philosophes, des médecins, des historiens de Bagdad et de l'Espagne musulmane. L'essentiel de l'œuvre de Ptolémée est rassemblé dans un ouvrage dont le titre : *Almageste* – « le Très Grand Livre » – unit l'arabe *al*, « le », et le grec *megistos*, « très grand ».

En Occident, saint Thomas d'Aquin, dont j'étais si proche et que vous connaissez déjà, introduit Dieu, comme vous le savez, dans l'univers d'Aristote et de Ptolémée. Pour l'auteur de la *Somme théologique*, le Soleil, la Lune, les étoiles et les six planètes connues à l'époque tournent autour d'une Terre que certains commentateurs chrétiens, victimes d'une lecture abusive de la Bible, avaient considérée comme plate, mais que Thomas le dominicain décrit comme ronde et immobile.

Après l'avoir créé, Dieu veille à la bonne marche du monde et assure du même coup mon propre déroulement. Il est aidé dans sa tâche par des créatures à mi-chemin entre Dieu et les hommes : les anges. Soumis à une hiérarchie assez stricte, plus ou moins proches de la splendeur divine, les anges ne sont pas seulement les messagers de Dieu ou les gardiens des âmes et des corps, ils sont aussi les mécaniciens qui font tourner les sphères célestes. Forgée par le plus grand esprit chrétien depuis saint Augustin, cette conception d'une Terre mystique et immobile installée par Dieu lui-même au centre de l'univers, ce sont des croyants et même des hommes d'Église qui vont la mettre en pièces.

Le premier d'entre eux, le précurseur dont j'ai toujours suivi avec affection la carrière et les idées, est un cardinal allemand, auteur d'un ouvrage au titre enchanteur, *De la docte ignorance* : Nicolas de Cues. Que professe mon cardinal qui annonce, de loin, à la fois Pascal et Einstein ? Deux siècles avant Pascal, il soutient que, puisque Dieu est infini et toujours présent partout, l'univers n'a pas de centre. Il y a une infinité de centres de l'univers. Et, cinq cents ans avant Einstein, il pressent déjà ce que vous appelez le « principe cosmologique » : n'ayant pas de centre, l'univers partout et toujours est semblable à lui-même. Aucun regard n'est privilégié. Et le spectacle des étoiles et du firmament n'est pas lié à un lieu d'observation. L'idée, chère à Aristote, à Ptolémée, à saint Thomas d'Aquin, d'un univers avec la Terre pour centre commence à être ébranlée. Le coup fatal est porté, cent ans plus tard, par un chanoine polonais. Ma vie, mes souvenirs, mes projets en sont bouleversés.

Au temps de la Réforme, du concile de Trente, des grandes expéditions maritimes, d'Henri VIII et de ses six femmes en Angleterre, d'Akbar aux Indes, d'Ivan le Terrible, premier tsar de Russie, de l'édit de Villers-Cotterêts et de la construction du Louvre, Nicolas Copernic procède à la révolution intellectuelle la plus violente de ma carrière et transforme de fond en comble une image de l'univers qui s'imposait sans la moindre contestation depuis Ptolémée et, au-delà de Ptolémée, depuis Aristote deux mille ans plus tôt : il chasse votre Terre, ma Terre, notre Terre du centre de votre univers et la remplace par le Soleil.

Depuis l'Antiquité grecque, savants, physiciens, astronomes s'efforcent de « sauver les apparences », de « σώζειν τὰ φαινόμενα », c'est-à-dire de rendre compte avec le plus d'exactitude possible des mouvements des astres observés dans le ciel. Le Soleil se levant et se couchant sous nos yeux, l'hypothèse la plus simple et à première vue la plus évidente – rien de plus trompeur que l'évidence – consiste à le faire tourner autour de la Terre immobile. C'est cette évidence que détruit Copernic. Notre Terre cesse d'être immobile. Elle devient une planète comme les autres. Et, comme les autres, elle tourne autour du Soleil. Seule la Lune tourne autour de la Terre.

Deux hommes, à trois cents ans de distance, auront révolutionné votre savoir, rabaissé l'orgueil des hommes, changé ce que vous appelez mon cours : Nicolas Copernic et Charles Darwin.

L'un et l'autre sont croyants – Copernic était chanoine, Darwin voulait devenir pasteur –, mais l'un et l'autre se voient contraints à s'écarter de l'orthodoxie pour s'approcher de la vérité. L'un et l'autre s'en prennent à vos illusions et à l'image que vous vous faites de votre dignité. Le premier, dans l'espace. Le deuxième, dans le temps. Copernic vous remet à votre place en vous chassant d'une position centrale qui faisait de vous le pivot et la référence de l'univers. Darwin vous rabat le caquet en vous soumettant à la loi d'airain du changement temporel et en vous faisant rentrer, vous qui vous croyiez le roi de la création, dans les rangs de l'évolution. Copernic : vous êtes une planète parmi les autres. Darwin : vous êtes un vivant comme les autres.

Pour l'Église catholique, les deux coups sont rudes. La Bible enseignait que Dieu avait créé le monde autour de vous qui étiez le centre, le but, le sommet de l'univers. Vous voilà renvoyés de votre grandeur et de votre noblesse passées à la règle générale et à l'humilité. L'Église, avec Teilhard de Chardin en avant-garde, mettra de longues années avant de s'accommoder de Darwin et de la réalité de l'évolution. *De l'origine des espèces* paraît en 1859. Quelque temps plus tard, un débat oppose en Angleterre l'archevêque anglican Wilberforce à Thomas Huxley – grand-père de Julian Huxley, premier directeur de l'Unesco, et d'Aldous Huxley, l'auteur de tant de livres enchanteurs : *Contrepoint* ou *Le Meilleur des mondes* –, partisan si farouche de l'évolution qu'il avait été surnommé « le taureau de Darwin ».

— Peut-être, lance l'archevêque à Thomas Huxley dans un style digne d'Oscar Wilde, peut-être Madame votre mère a-t-elle un singe pour ancêtre, mais la mienne, certainement pas.

Beaucoup se sont étonnés du semblant d'indulgence de l'Église pour Copernic qui ébranlait un des fondements du temple. Il faut se souvenir non seulement que Copernic appartenait à l'Église, mais encore qu'il avait pris la précaution de présenter son système comme un modèle mathématique, comme une hypothèse de travail. L'orthodoxie religieuse ne va pas tarder à prendre sa revanche avec Galilée.

Cent ans après Copernic, Galilée est un mathématicien et un physicien qui s'était longtemps intéressé aux lois de la chute des corps. Il m'avait pris à son service et nous avons souvent grimpé tous les deux au sommet de la tour de Pise d'où je laissais tomber des plumes, des clous, des morceaux de plomb dont il observait la vitesse et le comportement. Ce qui a changé sa vie, pour le meilleur et pour le pire, c'est l'invention du télescope qui agrandissait plus de trente fois les étoiles et les planètes. Il pointait vers le ciel l'appareil qu'il avait bricolé et ce qu'il découvrait le persuada très vite de la justesse du modèle proposé par Nicolas Copernic. Il exposa ses vues dans un ouvrage célèbre : *Dialogue sur les deux grands systèmes du monde.*

Il faut bien reconnaître que le *Dialogue* était autrement hardi et provocateur que le traité savant et prudent de Copernic sur les révolutions des sphères célestes. Chez Galilée, les partisans arriérés du système d'Aristote et de Ptolémée sont traités de « simples d'esprit » et leur porte-parole s'appelle *Simplicio*. C'en était trop pour l'Église. Mon maître Galilée passa devant un tribunal ecclésiastique qui l'assigna à résidence dans la petite ville d'Arcetri jusqu'à sa mort en 1642.

La condamnation et la rétractation de Galilée ont

donné naissance à une foule de débats, de livres, de pièces de théâtre. Elles ont surtout entraîné une méfiance persistante des milieux scientifiques à l'égard de l'Église catholique qui attendra la fin du xxe siècle – plus de quatre cents ans après Copernic, trois cents ans après Galilée – pour renoncer à son hostilité tant à l'égard de Copernic et de Galilée qu'à l'égard de Darwin.

C'est de ces temps-là et de ces expériences successives que date la rupture entre la science et l'Église catholique. Une des conséquences de l'affaire Galilée est de déplacer vers le nord et les pays protestants une recherche scientifique qui s'était jusqu'alors déployée, sous les auspices et l'autorité de la papauté, en Italie, en Pologne, dans les pays catholiques. Tycho Brahe, qui joue un rôle important dans les progrès de l'astronomie, est un savant danois. Il jouit successivement de la bienveillance et de l'aide du roi du Danemark qui lui donne une île en cadeau, puis de l'empereur qui l'accueille à Prague. Assistant et successeur de Tycho Brahe, Kepler, qui établit avec précision les lois du mouvement des planètes, est un mathématicien et un astronome allemand. Né l'année même de la mort de Galilée, Isaac Newton, le plus grand nom de la science et de l'astronomie avant Einstein, est un savant anglais. Le fossé s'élargit entre la science et Rome qui l'a si longtemps incarnée. Tracé par Érasme, par Rabelais, par Cervantès, le chemin est ouvert à Voltaire, à Diderot, à bien d'autres encore, philosophes, savants, romanciers, qui vont tous mettre en cause avec plus ou moins de violence ce qui passait jusqu'alors pour l'évidence établie et pour la vérité.

DU BON USAGE DES CATASTROPHES

De la foule des enfants – très peu à mes débuts et beaucoup vers la fin, quelques dizaines de milliards en tout – que m'a donnés le destin, Isaac Newton, né en Angleterre à l'époque où Rembrandt peint *La Ronde de nuit* et où Louis XIV monte sur le trône de France, m'est un des plus chers et un des plus grands. Le plus génial peut-être de tous entre Copernic et Einstein. En tout cas, très savant. Il brille dans trois domaines, sans doute parents mais différents. Chacun d'entre eux, tout seul, suffirait à lui valoir une gloire universelle.

En même temps que Leibniz, le philosophe des monades, l'adepte du meilleur des mondes dont se moquera Voltaire dans *Candide* – en même temps, mais séparément –, il invente un calcul infinitésimal qui, menant au calcul différentiel et au calcul intégral, révolutionne les mathématiques. En même temps qu'un autre mathématicien de génie, inventeur de la pendule, Christiaan Huygens, à La Haye – en même temps, mais séparément –, il étudie les lois de composition et de propagation de la lumière. Grecs ou Latins – Pythagore et Euclide, Épicure et Lucrèce – s'étaient déjà inquiétés de ce problème difficile, mais, ignorant jusqu'au sens que prenait la lumière, ils étaient très loin de le résoudre : les uns pensaient que la lumière allait, comme un phare ou une antenne, de l'œil qui regardait à l'objet observé ; les autres, qu'elle prenait le chemin inverse et remontait de l'objet vers l'observateur. L'affaire réglée, le débat se poursuit sur la nature de la lumière. Là où Huygens propose une théorie ondulatoire, Newton soutient une théorie corpusculaire. Trois cents ans seront nécessaires pour permettre à des savants parmi lesquels Louis de Broglie de trancher la question et de donner raison à la fois à Huygens et à Newton. Nous sommes un peu pressés. Disons les choses très vite : la lumière est composée de particules qui ondulent. Mais ce qui assure pour toujours à Newton la première place à mes yeux, c'est sa découverte de l'attraction universelle.

Vous vous souvenez peut-être de la peste noire, de la grande peste du XIVe siècle. Venue d'Asie, et sans doute de l'Inde, elle frappe successivement Milan, Venise – où elle emporte mon maître Titien –, toute l'Italie, Marseille, l'Europe entière et elle laisse derrière elle des millions de victimes qui font peur aux survivants. En 1665, en un dernier effort, elle s'attaque à Londres où elle tue près de cent mille Londoniens.

Horreur sur horreur, l'année suivante un terrible incendie, plus meurtrier que tous les bombardements de la Première Guerre mondiale, éclate dans la capitale et la ravage de fond en comble. Je charge un de ces témoins, un de ces narrateurs – Homère, Tacite, Saint-Simon, Chateaubriand… – que je vous envoie de temps en temps, un personnage surprenant du nom de Samuel

Pepys, de raconter coup sur coup la peste et l'incendie – *The Great Fire* après *The Great Plague*. Ce que j'aime pardessus tout, c'est d'alterner le bien et le mal, ou le mal et le bien, et de les tirer l'un de l'autre. La seconde catastrophe met fin à la première et permet à Christopher Wren, successeur d'Inigo Jones, de renouveler la ville et d'édifier la cathédrale Saint-Paul. La série noire de Londres a encore une autre conséquence. Pour échapper à la peste, le jeune Isaac Newton, âgé de vingt-trois ans et déjà ancien élève de Cambridge, fuit la capitale et se réfugie chez sa mère, à la campagne, dans une maison de famille à Woolsthorpe, au cœur du Lincolnshire. C'est dans ce coin de l'Angleterre que j'apprends à le connaître.

Comme Dieu lui-même – il m'arrive de me prendre pour lui –, je suis partout chez moi sous les masques les plus divers et dans des conditions bien souvent opposées. J'ai été – en gros – trente ou quarante mille fois la femme d'un commerçant ou d'un agriculteur, quinze ou seize mille fois une femme de marin, quatre mille fois la femme d'un officier, cent vingt fois l'épouse d'un roi, huit fois reine moi-même, deux fois maîtresse d'un cardinal, une fois épouse d'empereur. En ce temps-là, je suis la femme du pasteur de Woolsthorpe.

En France, Louis XIV, qui a déjà établi son pouvoir personnel, confie à Colbert les Finances qu'il a retirées à Fouquet. À Berlin, Frédéric-Guillaume, le *Grand Électeur*, crée l'État prussien et le dote d'une armée. Vienne vit sous la menace ottomane. Une dynastie mandchoue s'empare de la Chine. Aux Indes, l'arrière-petit-fils d'Akbar, Aurangzeb, est le dernier des grands empereurs moghols. Moi, j'entretiens les meilleures relations avec Mrs Newton qui est fort pieuse et avec toute sa famille. C'est le jeune Isaac que je connais le moins : il avait poursuivi pendant trois ans des études à Cambridge.

Ce matin-là, j'avais quitté le presbytère pour une courte promenade. C'était la fin de l'été. Il faisait beau et chaud. En passant devant le jardin des Newton, j'aperçus le jeune Isaac assis au pied d'un pommier. Après avoir tant travaillé, il avait bien le droit de prendre un peu de repos. Le bruit courait qu'au cours de son séjour à Cambridge il avait construit de ses propres mains un de ces appareils appelés télescopes qui venaient d'être inventés. Des savants braquaient, la nuit, cet instrument vers le ciel et ils observaient les étoiles invisibles à l'œil nu. Là, maintenant, dans le jardin de sa mère, il se laissait aller à une rêverie très calme lorsqu'il vit comme moi une pomme en train de tomber du pommier.

Cette pomme semblait le mettre dans un état d'agitation extrême. Il la prenait entre ses doigts, il la laissait retomber, il l'élevait au-dessus de sa tête, il se tournait vers le ciel. Je me dis seulement que les savants étaient des gens très étranges et, sous le chapeau qui me protégeait du soleil, mon ombrelle à la main, je poursuivis mon chemin.

Bien des années plus tard, une légende se mit à courir non seulement d'un bout à l'autre du Lincolnshire, mais, m'assure-t-on, à travers le monde entier où le nom de Newton était devenu illustre. L'idée d'une gravitation générale de l'univers serait venue au jeune Isaac à la vue d'une pomme qui tombait d'un pommier.

Pendant des milliers et des milliers d'années, le ciel

et la Terre avaient été séparés. Les hommes habitaient la Terre. Au-dessus de leurs têtes, au loin, il y avait un autre monde, hanté par des forces obscures, des esprits, des déesses et des dieux, toute une bureaucratie céleste qui faisait fonctionner l'univers et dont vous ne pouviez rien savoir.

Après les Chinois, les Indiens, les Sumériens, les Méso-potamiens et les Égyptiens, les Grecs avaient introduit dans la science les idées de raison et de lois. Le *logos* grec constituait déjà un progrès considérable sur les concep-tions magiques ou mythiques de l'univers. Mais pour Thomas d'Aquin comme pour Aristote ou Ptolémée, la Terre, livrée aux hommes, était encore coupée du ciel où régnait le divin. Peuplé de forces mystérieuses, le ciel était radicalement étranger à notre Terre. Le monde où nous habitions était un monde sublunaire et il y avait un autre monde régi par d'autres lois.

Provoqué par la chute d'un corps à ses pieds, le coup de génie de Newton est d'unifier un univers déjà remo-delé par Copernic, Galilée et les autres. Le Soleil et la Lune obéissent aux mêmes lois que la pomme du jardin de sa mère. La Lune, attirée par la Terre, et la Terre elle-même sont attirées par le Soleil comme la pomme était attirée par le sol. Ici-bas comme là-haut, tout gravite autour de tout. Dans le ciel comme sur la Terre, une attraction universelle commande les mouvements des planètes et des corps.

« LA RAISON TONNE EN SON CRATÈRE, DU PASSÉ FAISONS TABLE RASE »

On dirait que l'exploration du ciel a précédé l'exploration de la Terre et qu'un Polonais, un Italien, un Danois, un Allemand ont libéré la science en observant les étoiles et ouvert la voie à un Anglais. À partir d'une Renaissance qui ne concerne pas seulement la littérature et les arts, la science prend les commandes pour une succession encore indéterminée de siècles et domine avec de plus en plus d'évidence le monde où vous vivez.

Je ne déteste pas me répéter en changeant – ou changer en me répétant. Vous vous rappelez, au XVIIe siècle, la litanie des événements littéraires. Chaque année est marquée par la naissance d'un écrivain, par la publication d'un livre, par une première au théâtre, par une oraison funèbre. Au cours des trois siècles suivants, dans les domaines les plus divers – mathématiques, astronomie, chimie, biologie, médecine... –, c'est encore une avalanche, mais cette fois de découvertes et d'inventions. Longtemps, la poésie, la littérature, le théâtre, les arts – la peinture, la sculpture, la musique... – avaient embelli le monde. Appuyée sur les mathématiques, la science le transforme.

Après les coups d'éclat des précurseurs dans le ciel, le travail de la science est le plus souvent collectif. Les artistes de la Renaissance créaient des écoles où les maîtres formaient des disciples. Les exemples sont innombrables. Élève de Giovanni Bellini, Giorgione sera le maître de mon maître Titien. Pontormo, qui s'inspire de Michel-Ange, et Benvenuto Cellini prennent soin du jeune Bronzino, futur peintre officiel des Médicis. Toute une généalogie de peintres et d'architectes surgit sous forme d'écoles en Italie, en France, en Espagne, aux Pays-Bas, dans les États allemands. À la veille et au lendemain de la Révolution, la science, à son tour, constitue un faisceau d'inventions et de progrès, un tissu de convergences souvent nées de contradictions.

La machine à vapeur est conçue et mise au point par Denis Papin, par Newcomen, par Watt, par Jouffroy d'Abbans, par Sadi Carnot, l'apôtre de la thermodynamique, le père du fameux « principe de Carnot », le fils de « l'organisateur de la victoire », l'oncle du président de la République assassiné par l'anarchiste Caserio. Il y a une internationale de la science comme il y avait à l'époque des grands peintres florentins, vénitiens ou flamands, d'Érasme, de Descartes, de Christine de Suède, de Voltaire une internationale de l'art et de la culture. Une Europe de la science est en train de se constituer. Comme il y a eu, un peu plus tôt, une Europe de la peinture et de la sculpture dominée par les Italiens – d'où le fameux « Grand Tour » en Italie de lord Chesterfield et de tant d'autres jeunes aristocrates anglais. Comme il y a, au XVIIIe, une Europe de la langue et de la littérature dominée par la France. Comme il y aura, un peu plus tard, de Kant et de Hegel à Nietzsche et à Heidegger, en passant par Fichte, par Schelling, par Marx, par Engels, par Husserl et par Jaspers, une Europe allemande de la philosophie.

Peu à peu, la science que j'avais connue, à ses débuts, avec les Indiens, les Grecs, les Arabes, si proche de la philosophie devient de plus en plus autonome, jusqu'à écarter toute préoccupation cosmologique, métaphysique, artistique et, bien entendu, religieuse. Avant de se transformer et de se vulgariser en technique, elle se confond, de la base au sommet, avec les mathématiques qui sont son support, son langage, son origine et son but. Les disciples de Pythagore, d'Euclide, d'Archimède deviennent assez vite les rivaux, et bientôt les maîtres, de leurs maîtres.

Vers le milieu du XVIIe, partout en Europe, avec Huygens, avec Leibniz, avec Newton et beaucoup d'autres autour d'eux, je vois la science m'envahir. En France, vous devez à Pascal ce traité des coniques qu'il écrit à seize ans et que vous connaissez déjà et à Fermat un théorème qui mettra trois cents ans à être résolu. L'un et l'autre sont à l'origine du calcul des probabilités.

Une étonnante famille suisse émigrée à Anvers, les Bernoulli, fournit toute une flopée de mathématiciens de génie et un exemple éloquent. Jacques Bernoulli est un disciple de Leibniz qui, après l'avoir initié au calcul infinitésimal et lui avoir ouvert le chemin du calcul des probabilités et du calcul exponentiel, lui permet de jeter les bases de la loi des grands nombres appelée aussi théorème de Bernoulli. À Jean, le frère de Jacques, je dois l'idée de logarithme d'un nombre imaginaire. Daniel, fils de Jean, est un des pères de la thermodynamique.

Fils d'un pasteur de Bâle, le jeune Leonhard Euler, d'abord destiné à la théologie, suit à Bâle les cours de mathématiques de Jean Bernoulli qui était un ami de son père. Deux des fils de Jean, Daniel et Nicolas, l'entraînent avec eux à Saint-Pétersbourg où la Grande Catherine, l'amie de Diderot, vient de fonder une nouvelle Académie des sciences. Il y enseigne la physique et les mathématiques avant d'être invité à Berlin par l'autre grand souverain de l'Europe en ce temps-là, Frédéric II de Prusse, l'ami de Voltaire, qui lui confie la direction de la section de mathématiques de l'Académie de Berlin. Quelques années avant la Révolution française, Euler retourne mourir aveugle à Saint-Pétersbourg, auprès de Catherine II, laissant derrière lui, dans le domaine de la physique et des mathématiques, une des œuvres les plus importantes de ma studieuse carrière.

Si longtemps militaire et littéraire – *arma virumque cano* –, politique – *cedant arma togae* –, artistique – Charles Quint et Titien –, je commence à me demander si le génie n'est pas d'abord mathématique. Tué en duel à vingt ans, comme Pouchkine mais beaucoup plus jeune que Pouchkine, Évariste Galois est, en France, l'incarnation même de ce génie. À peine sorti de l'adolescence, il est un créateur et un passeur. Il doit beaucoup à Gauss, enfant prodige comme lui, maître allemand de la physique, de l'astronomie et des mathématiques, et, à son tour, il ouvre la voie aux géométries non euclidiennes de Riemann et de Lobatchevski. D'Euclide, père des mathématiques, aux mathématiques qui l'absorbent et le dépassent, la boucle est bouclée.

Inutile de vous dissimuler que les travaux des Bernoulli, des Euler, des Gauss ou des Galois sont incompréhensibles au commun des mortels. Hier, la naissance et le rang mettaient des barrières entre vous. Le rôle de discrimination et d'inégalité est assuré aujourd'hui et sera assuré demain par la science. Chacun peut se planter devant un tableau de Bosch, de Bruegel, de Rembrandt, de Max Ernst ou de Picasso pour l'admirer ou le détester. Chacun a le droit de lire et d'aimer avec plus ou moins de plaisir ou de difficulté Homère, Kafka, Proust, James Joyce, André Breton. Les mathématiques, elles, sont par nature et deviennent de plus en plus avec le temps une autre écriture et un langage à part. N'y entre pas qui veut. À force d'apparaître dans les livres, dans les journaux, dans les conversations, la formule $E = mc^2$ est devenue familière au grand nombre, mais tout ce qui est – ou était... – écrit au tableau noir d'un cours de mathématiques, non seulement au Collège de France mais dans la première taupe venue, passe bien au-dessus de votre tête.

Dès le milieu du XVIIIe siècle, pourtant, non contente d'occuper de grands esprits, la science commence à entrer, en silence, presque en secret, dans votre vie quotidienne et à la transformer. Torricelli invente le baromètre. Celsius et Fahrenheit inventent et perfectionnent le thermomètre. Reçu triomphalement dans le Paris en ébullition de Buffon et de Beaumarchais, Benjamin Franklin se fait l'apôtre du calorifère et du paratonnerre. Bien avant Maxwell, Coulomb découvre les lois de l'électromagnétisme. Chappe construit le premier télégraphe. Et il y a pour votre vie de demain plus décisif encore que le télégraphe et le thermomètre : la médecine.

Les Indiens, les Chinois, les Égyptiens, les Grecs, qui vénéraient Asclépios, dieu de la médecine, fils d'Apollon, dans son sanctuaire d'Épidaure, et les Romains, qui avaient changé Asclépios en Esculape, connaissaient la médecine, et même la chirurgie. La réputation et l'influence d'Hippocrate, le théoricien des humeurs, l'auteur du fameux *Serment*, et surtout, six cents ans plus tard, de Galien, son disciple et son adversaire – « Hippocrate dit oui, mais Galien dit non » –, s'étendent jusqu'au XVIIIᵉ. Pendant des siècles, les progrès sont minces.

En Orient, le relais est pris par Avicenne, auteur d'un *Canon de la médecine*, puis, à Cordoue et à la cour de Saladin, par Maimonide qui vous laisse, outre son *Guide des égarés*, un *Traité de la conservation de la santé*. En Italie, une célèbre école de médecine se développe à Bologne où est entreprise, vous le savez déjà, la première dissection d'un cadavre humain.

Médecin flamand de Charles Quint, partisan de la méthode expérimentale, accusé d'avoir disséqué le corps d'un homme encore vivant, André Vésale est le fondateur de l'anatomie. Esprit distingué, chirurgien des Valois, auteur d'une *Méthode de traicter les playes faites par les arquebuses*, Ambroise Paré remplace dans les amputations la cautérisation par la ligature. Quelques années plus tard, William Harvey découvre la circulation du sang. La médecine sort d'une longue période d'ignorance et de tâtonnements et cesse peu à peu de mériter les sarcasmes dont l'accable encore Molière. Entre art et magie, elle était une pratique aléatoire et approximative. Au même titre que la physique issue de l'expérience quotidienne, ou que l'astronomie surgie de l'astrologie, elle se transforme en science.

Depuis le temps que nous nous connaissons, vous l'aurez remarqué plus d'une fois : plus souvent que la duchesse de Guermantes, plus souvent que la Sanseverina ou mon amie Nane chère à Toulet, plus souvent que toutes nos héroïnes de romans, j'ai beaucoup changé de vêtements. J'ai porté la tunique, la toge, la cuirasse, le voile, le pourpoint, les hauts-de-chausse, le frac, le froc, le complet veston, la dentelle, la mousseline, la jaquette, le corset, la cotte, la cotte d'armes ou de mailles, la salopette, le heaume, le haubert, le vertugadin, le jean, la crinoline, la soutane. Je me mettais à enfiler la blouse du médecin, de l'infirmière, de la pharmacienne, du laborantin, du technicien. Longtemps traitée par l'indifférence, par le stoïcisme, par le mépris, la santé devient une de vos préoccupations majeures, la clé et le but de la politique et de la science. Les précurseurs, les fondateurs, il était encore possible de les distinguer. Impossible de suivre la médecine et la science dans leurs aventures sans fin et dans leur développement. Elles m'envahissent tout entière. Elles se confondent avec moi comme je m'étais confondue jadis avec les conquérants, les peintres ou les poètes.

Vous savez ce que je fais, ce que je n'ai cessé de faire ? Je change. Comme l'univers, la vie, le temps, je change et je reste la même. Je suis toujours là, et vous ne me reconnaissez pas. Ce que vous murmurez le plus souvent quand vous m'apercevez dans la rue, dans un palais, à la télévision, au bureau ou sur de vieilles photos, c'est : « Ah ! Comme il – ou elle – a changé... » J'ai toujours changé. Avec l'âge, je change, de plus en plus vite.

Les deux siècles qui suivent cet événement décisif qu'est la Révolution française voient mon visage, mon allure, ma physionomie se transformer avec évidence. Voltaire, Diderot, Rousseau, Robespierre, Goethe, Bonaparte, Marx, Freud ou Einstein sont autant d'éducateurs et de chirurgiens esthétiques qui m'ont rendue méconnaissable. Ce qu'il y a, vous le savez bien, ce n'est pas seulement que je suis toute-puissante puisque, pour vous au moins, sur cette planète et dans le temps, il n'y a rien d'autre que moi. Je suis aussi imprévisible. Mon caractère est fantasque. Ne comptez jamais sur moi. Ce que j'aime, c'est faire faux bond. Je ne viens guère aux rendez-vous qui m'ont été signifiés. Avec moi aux commandes, toujours l'inattendu arrive. L'amusant, dans mon cas, c'est qu'au-delà de ma présence qui, à des yeux trop rapides, pourrait passer pour une routine, je ne suis que surprise.

Tout commence toujours et tout finit par des chansons. Une chanson a joué un grand rôle dans ma vie. Elle a épouvanté pas mal de gens. Elle a soulevé l'enthousiasme de millions de garçons et de filles. Elle porte un beau nom : *L'Internationale*.

Deux vers de ce chant de combat et d'espérance m'ont toujours enchantée :

> *La raison tonne en son cratère...*
> *Du passé faisons table rase*

Que signifie ce chant ? Que veut-il dire ? Il vous parle de ce que vous connaissez déjà : l'annonce, l'attente, la promesse. Il vous prévient que la vie et moi et vous, nous avons changé. Oui, nous avons changé. Et que nous allons changer. Oui, nous allons changer. L'annonce était exacte. L'attente est comblée. La promesse est tenue. Mais, comme toujours avec moi, comme avec la pythie de Delphes ou la sibylle de Cumes, comme avec les divagations des prophètes, comme avec les prédictions des savants, ce n'est pas ce que vous attendiez, c'est autre chose qui se produit.

Ce qui devait se transformer, c'étaient vos relations avec la société : la politique, l'économie, le travail, les rapports entre les hommes, la guerre et la paix. Rien de tout cela n'a beaucoup changé et le pire est toujours là, sous forme de crainte et de menace. La pensée politique, économique, sociale n'a guère fait de progrès depuis Aristote, Hobbes, Montesquieu, Kant ou Hegel. Les triomphes espérés ont été plutôt des échecs. Ce qui a changé, en revanche et du tout au tout, ce sont vos rapports avec la science.

Appuyée sur une raison qui tonne, en effet, en son cratère depuis Descartes, et Newton, et Leibniz, et Darwin, et Pasteur, et Einstein, et Bohr et Heisenberg, la science a fait, comme prévu, table rase du passé. Et elle domine mon avenir et le vôtre dans un mélange formidable d'espérance et d'angoisse.

ET MOI, JE VIS TOUJOURS

Espérance et angoisse. Comédienne. Tragédienne. Je suis capable de tout. Je prends tous les visages. Boèce, c'était moi, et *L'Âne d'or*, c'était moi. Troie, Carthage, Bagdad, Auschwitz, Dresde, Hiroshima, c'était moi, et Offenbach, c'était moi. Le mal, la souffrance, la mort, c'est moi, et la gaieté, c'est moi. Ce qu'il y a de bien avec moi, c'est que je suis d'un comique achevé. Ce que j'aime surtout, c'est rire aux larmes.

Ramsès II, c'était moi. Et toute la sinistre et si divertissante ribambelle des Thoutmès – y compris Thoutmès III et, vous la connaissez, celle-là, sa belle-mère Hatshepsout – et des Aménophis – y compris cet illuminé d'Aménophis IV qui se change en Akhenaton et dont le fils rentrera dans les rangs sous le nom illustre et redouté de Toutankhamon. Et tous les autres, avant et après. Et la bataille de Kadesh, perdue et gagnée contre les Hittites du roi Mouwatalli, et Deir el-Bahari, et Karnak, et le temple d'Amon avec ses obélisques, et le Ramesseum et Médinet Habou, le temple des millions d'années, et la splendeur d'Abou-Simbel.

Sargon d'Akkad, et Hammourabi et Gilgamesh et son

ami Enkidu, et Assourbanipal, c'était moi. Et Olympias, et Aristote, et Parménion, et Roxane, et Ptolémée qui vous mène comme par la main jusqu'à Cléopâtre et à la source même de la grandeur de l'Empire romain. Le peuple juif, c'est moi. Le monde arabe, c'est moi. Je suis aussi tous les Lauzun – y compris celui qui se fait appeler Biron, général (guillotiné) du Comité de salut public – et tous les Richelieu, le cardinal, le maréchal, qui était un gaillard, le ministre de Louis XVIII, et le destin éclatant et trop pressé de Mme du Barry – «Encore un instant, monsieur le bourreau!...» –, et un petit lieutenant corse, sans grand avenir, ami et adversaire du grand Paoli et disciple de Robespierre. Et je suis encore, incroyable, Napoléon Ier, neveu de Louis XVI et de Marie-Antoinette, empereur des Français, entouré – est-ce que j'invente? – du roi de Rome, du roi de Naples, du roi de Suède qui lui doivent tout et de ses maréchaux princes d'Empire : Berthier, prince de Neuchâtel ; Davout, prince d'Eckmühl ; Masséna, prince d'Essling ; Ney, prince de la Moskova, fusillé par des soldats français le 7 décembre 1815.

Ah! Ah! Je suis Chateaubriand, admirateur de Bonaparte à qui il dédie son *Génie du christianisme* et adversaire de Napoléon qu'il attaque dans *De Buonaparte et des Bourbons*. Et je suis son ami très proche et son ennemi intime, Mathieu, comte Molé, ministre des Affaires étrangères, président du Conseil, qui avait prêté serment d'avance à tous les régimes passés, présents et à venir et qui lui dispute successivement les faveurs de Natalie de Noailles, dont la vie est semée de passions et de larmes, et de Cordélia de Castellane, qui vous conduit tout droit – hérédité, imitation, influences, fascination… – à Proust, à sa cathédrale de souvenirs, à une de ses héroïnes, Mme de Villeparisis.

Chateaubriand :

Molé a réussi et tous les gens de sa sorte réussissent : il est médiocre, bas avec la puissance, arrogant avec la faiblesse, il est riche, il a une antichambre chez sa belle-mère où il insulte les solliciteurs et une antichambre chez les ministres où il va se faire insulter.

Molé :

Ce qui m'a toujours étonné chez M. de Chateaubriand, c'est sa capacité de s'émouvoir sans jamais rien ressentir.

Je suis Alcibiade, le prince de Ligne, Talleyrand, Tristan Bernard et son cache-nez. Je suis le roi barbu qui s'avance, bu qui s'avance, bu qui s'avance, la grande-duchesse de Gerolstein, l'hôtel des Palmes à Palerme où ce rigolo de Roussel se suicide, le radeau de la *Méduse*, Théodore Géricault, mort en pleine gloire à trente-trois ans, le Paysan de Paris et Aurélien d'Aragon, l'abbé de Rancé, amant de Mme de Montbazon et réformateur de la Trappe, qui trouve, au retour d'une partie de chasse, sa maîtresse sans vie dans un cercueil trop petit et que chantent successivement Chateaubriand et Aragon –

Au cloître que Rancé maintenant disparaisse
Il n'a de prix pour nous que dans ce seul moment
Et dans ce seul regard qu'il jette à sa maîtresse

Qui contient toutes les détresses
Le feu du ciel volé brûle éternellement

— Benjamin Disraeli, le *Requiem* de Verdi, Bismarck, la dépêche d'Ems, la jeune Carrington amoureuse de Lytton Strachey qui lui préfère son mari, le pistolet d'un Serbe nationaliste à Sarajevo au début de l'été, le stylo qui rédige l'appel du 18 Juin, la peste, la lèpre, le cancer, le choléra, la Barcarolle des *Contes d'Hoffmann*, le bacille de Koch, le boson de Higgs, la double hélice de Watson et Crick, la rencontre d'Einstein et de Hubble autour de l'expansion de l'univers, le livre que vous avez entre les mains.

Je suis Pascal et Montaigne et la servante de Racine et de La Fontaine dans la taverne *La Pomme de pin*. Je suis Akbar et son jésuite. Je suis Titien et son valet. Je suis Galilée et son valet. Je suis Galla Placidia et le neveu de Rameau. J'ai la folie des grandeurs, je me traîne plus bas que terre. Je suis ceux qui ne comptent pas, dont vous ne parlez jamais, qui ne figurent pas dans les livres – et pas même dans celui-ci. Je suis ceux dont personne ne s'occupe dans leur vie et dont personne ne se souvient après leur mort. Salut et fraternité.

Je suis pêcheur en mer de Chine et mineur en Afrique du Sud. Je suis ce chercheur d'or au Klondike à l'automne de 1897 dont la fille de cinq ans vient de se noyer dans le fleuve où se cachent les pépites. Je suis renversé par l'autobus. Je meurs à l'hospice. Je donne des bals masqués et le bal des Ardents. Je suis le traître Maurice Sachs et Étienne de Beaumont et Boni de Castellane et Marie-Laure de Noailles, l'amie, toujours au bord du scandale, de Buñuel, de Giacometti, de Poulenc, de

Lacan. J'écris des sonnets, des ballades, des oraisons funèbres et je fais et je peins et je raconte n'importe quoi. *Hopje uzbal ullinaze urphans glop glop izzahi.* Je chante dans les rues, je rétame les couteaux, je vends des frites à la foire, je sauve la nation, je sers l'humanité, je coupe les bourses des bourgeois, je suis le compagnon envoyé par Mandrin à sa mère qui l'attend :

Ces messieurs de Grenoble
Avec leurs longues robes
Et leurs bonnets carrés,
M'eurent bientôt... vous m'entendez,
Et leurs bonnets carrés,
M'eurent bientôt jugé.

Ils m'ont jugé à pendre,
Ah ! c'est dur à entendre,
À pendre et étrangler
Sur la place au... vous m'entendez,
À pendre et étrangler,
Sur la place au marché.

Monté sur la potence,
Je regarde la France :
J'y vois mes compagnons
À l'ombre d'un... vous m'entendez,
J'y vois mes compagnons,
À l'ombre d'un buisson.

Compagnon de misère,
Va donc dire à ma mère
Qu'ell' ne m'reverra plus.

J'suis un enfant… vous m'entendez,
Qu'ell' ne m'reverra plus,
J'suis un enfant perdu.

Je suis Ibn Battuta sur le point de quitter Tanger pour la Perse et le Niger, et l'oncle de Marco Polo sur la route de la soie, et Patrick Leigh Fermor en chemin vers la Grèce, et Huian-tsang dans les sables du désert et sous la neige de l'Hindou Kouch, et je suis le Juif errant :

Est-il rien sur la Terre
Qui soit plus surprenant
Que la grande misère
Du pauvre Juif errant ?
Que son sort malheureux
Paraît triste et fâcheux !

Juste ciel ! Que ma ronde
Est pénible pour moi !
Je fais le tour du monde
Pour la cinquième fois.
Chacun meurt à son tour
Et moi, je vis toujours.

QUAND IL N'Y AURA PLUS PERSONNE
POUR SE SOUVENIR DE RIEN

« Et moi, je vis toujours. » Toujours ?... Y a-t-il une fin de l'histoire ? Chacun d'entre vous naît, vit et meurt : comme les trois personnes de la Trinité pour les chrétiens – les savants disent : les trois hypostases –, les trois occurrences n'en font qu'une. Naître, pour vous, c'est déjà mourir ; mourir, c'est avoir vécu. Moi, je ne meurs pas. Je continue. Je suis hier, aujourd'hui, demain. J'ai été vos grands-parents et les arrière-grands-parents de vos arrière-grands-parents. Je serai vos petits-enfants et les arrière-petits-enfants de vos arrière-petits-enfants. Jusqu'où et jusqu'à quand dans un sens et dans l'autre ? Dans l'avenir, vous ne le savez pas. Dans le passé, vous commencez vaguement à vous en faire une idée.

Longtemps, le passé vous a été aussi obscur que l'avenir. La question de mes débuts ne se posait même pas. Peut-être étais-je éternelle comme l'univers lui-même ? Il y avait bien des poètes ou des savants pour m'assigner des origines : des déesses ou des dieux m'auraient donné le jour ; je jaillissais de l'eau ou du limon ; des tortues ou des fleurs de lotus me soutenaient au-dessus du vide ; des potiers célestes me faisaient sortir de l'argile ou du marbre. Un petit peuple de romanciers et de poètes de génie avait inventé une histoire dans un jardin où, tirée par un dieu cruel d'un néant éternel, une jeune femme aventureuse cueillait sur un arbre sacré un fruit défendu qui nous faisait entrer, vous et moi, à la fois dans le règne du mal et dans la vie de l'esprit : c'étaient les Juifs de Yahvé, d'Abraham et de Moïse. Autour de la Méditerranée, le conte prenait à travers les siècles une importance toujours croissante et donnait naissance à plusieurs religions distinctes, plus ou moins proches les unes des autres.

Le débat sur mes origines n'a été tranché ni par les poètes, ni par les philosophes, ni par les religions. Il a été tranché par la science.

Vers la fin du XIXᵉ siècle, la science, sous ses espèces mathématiques et physiques, était déjà très puissante. Elle régnait en maîtresse sur le monde intellectuel. De grands esprits, tels que le chimiste français Marcellin Berthelot ou le physicien britannique lord Kelvin, allaient jusqu'à soutenir que vous saviez désormais à peu près tout ce qu'il était possible de savoir sur l'organisation de l'univers. Il ne restait qu'à développer l'ensemble des données accumulées par le positivisme et le déterminisme.

Quelques années à peine plus tard, au temps des deux grandes guerres mondiales, un groupe de mathématiciens, de physiciens et d'astronomes, venus d'horizons très différents, les Friedmann, les Hubble, les Gamow, plusieurs autres et, naturellement, après un peu d'hésitation, Albert Einstein, proposent de l'univers une image radicalement nouvelle. Le plus intéressant est que leurs travaux, avant de se rejoindre et de coïncider, suivent deux chemins différents : d'un côté, la recherche fondamentale et les mathématiques ; de l'autre, l'astronomie et l'observation des objets célestes. La science n'a jamais été avare de telles rencontres. Dès le milieu du XIXe siècle, l'astronome français Le Verrier, spécialiste de la mécanique céleste, avait déjà prévu par le calcul l'existence et la position de la planète Neptune que l'astronome allemand Johann Galle allait découvrir dans le ciel.

Que vous apprend la science vers le début du XXe siècle ? Une vérité inouïe qui fait un bruit de tonnerre : l'univers a une histoire.

Une histoire très différente sans doute des récits de l'Ancien Testament, mais, stupeur, plus proche du mythe de la Genèse que des conceptions d'Aristote. L'univers et moi, nous avons un début. Et, ayant un début, il n'est plus impossible, il est peut-être même probable, que nous ayons aussi une fin.

Après des débats passionnés, l'évidence s'est peu à peu imposée. Que j'aie un début, appelé par dérision le *big bang*, est aujourd'hui hors de doute. L'Histoire est une histoire qui commence comme toutes les histoires : « Il était une fois... » Il était une fois une explosion primordiale d'où est sorti tout ce que je vous ai raconté : Platon, Alexandre, Mahomet, Giorgione et Titien, Bonaparte, Chateaubriand, Proust, Einstein, le mal, le bien, les empires, les religions, votre propre existence et le livre que vous lisez. Vous ne savez pas ce qu'il y avait « avant » le *big bang* qui donne naissance à l'espace, au temps et à l'histoire. Peut-être y a-t-il autre chose dont il est impossible de rien dire. Moi, en tout cas, qui me confonds avec le temps et l'espace, j'entre en scène avec cette explosion originelle et unique qui marque avec éclat mon arrivée sur la scène.

L'histoire proprement dite, celle des guerres et des conquérants, celle du savoir et de la beauté, commence avec les hommes et avec leur pensée. Avant, pendant les millions d'années où la vie se développe en attendant l'écriture et la domination du feu, c'est la préhistoire. Elle fait aussi partie de mon royaume. Plus tôt encore, durant les milliards d'années de l'univers avant la pensée et la vie, se déroule quelque chose que je n'ai pas pu connaître mais que j'ai réussi à reconstruire grâce au génie des hommes : l'histoire du monde avant l'histoire.

Il n'est pas sûr, mais il n'est pas impossible, qu'il y ait en dehors de moi une infinité d'histoires d'une infinité d'univers. Mais, moi, grâce à la science, je connais mon origine. Pour vous comme pour moi, c'est un début absolu, fermé par un mur qui s'appelle le mur de Planck et au-delà duquel il vous est interdit et impossible de rien dire de certain. À l'autre bout de ma longue – ou brève, comme vous voudrez – existence se présente le même mélange de certitude et d'obscurité : nous savons que tout, absolument tout, est appelé à disparaître, mais nous ne savons pas comment.

Chacun de vous est déjà mort, sur le point de mourir ou destiné à mourir. L'espèce des hommes dans leur ensemble cessera elle-même, un beau jour, de s'agiter sur le devant de la scène. Toutes les espèces vivantes ont été successivement effacées de la surface de la Terre où rien n'est éternel. La fameuse extinction, il y a soixante-cinq millions d'années, de ces maîtres de notre planète qu'ont longtemps été les dinosaures n'est que la plus récente d'une longue série de catastrophes meurtrières. Les êtres humains disparaîtront comme les dinosaures. J'ai longtemps connu un monde sans les hommes. Avant de retourner moi-même au néant d'où j'ai été tirée, Dieu sait pourquoi et comment, il y a treize ou quatorze milliards d'années, j'assisterai, muette, à un spectacle indicible qui n'a de nom dans aucune langue : un monde sans les hommes.

La fin viendra peu à peu. Ou plutôt : les fins viendront peu à peu. D'abord la fin des individus. Puis la fin de cette Terre et de votre système solaire. Puis, dans un avenir bien plus lointain, mais inéluctable lui aussi, la fin de l'univers et de tout ce fatras qui n'était pas éternel. Le mécanisme est très bien monté. Tous, vous finirez par vous changer en… je n'ose même pas dire en souvenirs, car il n'y aura plus personne pour se souvenir de rien.

Bien après votre mort à chacun d'entre vous, et à tous, bien après l'extinction de votre espèce dans je ne sais quels désastres et la fin de votre Soleil prévue par les savants dans quelque cinq milliards d'années, l'univers lui-même finira par finir. Quand ? Vous ne savez pas. Mais la fin est inévitable. Comment ? Vous ne savez pas non plus. Peut-être dans la fournaise sans nom d'un *big crunch* comparable à votre fameux *big bang* et qui pourrait, personne n'en sait rien, constituer à son tour le *big bang* d'un nouvel univers ? Ou, plus vraisemblablement, dans les déserts glacials d'un dernier éparpillement. Mais, en tout cas, tout finira.

Tout passe. Tout finit. Tout disparaît. Et moi qui m'imaginais devoir vivre toujours, qu'est-ce que je deviens ?

Il n'est pas impossible que je sois une espèce de cheval fou, sans Dieu ni maître, livré aux caprices du hasard, et qui galope vers je ne sais quoi. Je vais peut-être nulle part, sans programme et sans règles, au petit bonheur la chance, à la va-comme-je-te-pousse. Disons les choses d'un mot : il n'est pas impossible que je n'aie pas le moindre sens. Je passe, je dure, je coule avec le temps, j'édifie, je détruis – et de moi, comme de vous, un jour, plus ou moins loin, il ne restera rien.

Je prononce ces paroles et, au moment où je les dis, je n'en crois pas un mot. Je suis l'histoire, et cette histoire-là, dans sa totalité, mes forêts natales, l'Euphrate, le Nil, l'Indus, Homère et la guerre de Troie, l'invention de l'écriture et des mathématiques, le *Songe de sainte Ursule* et le *Songe de Constantin*, la foi et l'espérance, le *Concerto n° 21*, et vos erreurs et vos chagrins mêlés à cette soif de justice et de beauté qui vous a tant travaillés, tout ce qui est apparu avant de passer, ne peut pas disparaître corps et biens. Ce qui a été a été et même si ma vie n'est qu'une espèce de songe, ce songe-là aura tranché sur le néant et sur l'éternité.

Un de vos grands hommes, vers le milieu du xxᵉ siècle, Vladimir Jankélévitch, écrit des mots inoubliables : « Si la vie est éphémère, le fait d'avoir vécu une vie éphémère est un fait éternel. »

Moi non plus, nous le savons, vous le savez tous, je ne suis pas éternelle puisque je suis le temps et que le temps s'écoule. J'ai passé. Je passe. Je passerai. Mais que je sois passée sous les espèces de l'histoire sur et dans ce monde éphémère où vous avez vécu est une vérité et une beauté pour toujours et la mort elle-même ne peut rien contre moi.

SEUL DIEU, PEUT-ÊTRE ?...

Je suis le temps. Et je suis vous. Au-dessus du temps et au-dessus de vous, au-dessus de l'univers et de moi, y a-t-il quelque chose d'autre ?

Rien peut-être ? Ou seul Dieu, peut-être ?...

Mais de ce que vous appelez Dieu, il est impossible de parler. « Ce dont on ne peut parler, écrit Ludwig Wittgenstein dans son fameux *Tractatus,* il faut le taire. »

MON DERNIER MASQUE

Universelle et totale, entre liberté et nécessité, je ne suis ni la beauté, ni la justice, ni la vérité. Je suis l'histoire. J'ai été ingrate, injuste, superficielle, menteuse, violente, criminelle. Que de pages de mon long roman je voudrais effacer ! Je suis l'image même de votre grandeur et de votre bassesse.

J'ai fait des choses immenses et de toutes petites. J'ai été puissante et misérable. J'ai trop aimé, d'un côté, les batailles, les conquêtes, le pouvoir, de l'autre la gaieté, la légèreté, l'ironie. J'ai eu un faible pour les livres. Ils sont mes instruments et mon trésor. J'ai fréquenté la Bible, l'*Iliade*, les *Mémoires d'outre-tombe*, *À la recherche du temps perdu*. J'ai traduit pour Akbar des textes latins ou arabes. J'ai même écrit, vous souvenez-vous ? deux livres du second rayon : *Le Million* de Marco Polo et le traité de fauconnerie du Hohenstaufen. Voilà que je suis tombée à mon tour dans le piège de l'écriture, dans le miroir aux alouettes de la littérature. J'ai laissé rédiger, sous un nom d'emprunt, quelque chose qui ressemble à une autobiographie.

Le dernier masque que j'ai pris est celui d'un garçon,

déjà vieilli sous le harnais, qui s'était mis en tête de rédiger mes Mémoires. Il avait pondu, dans sa jeunesse, une chronique truquée de sa famille, une fausse histoire du monde, une biographie bien imparfaite de Dieu. Il m'a tannée pour retracer mes aventures. Je l'avoue : je l'ai laissé faire. Je le regrette.

Après avoir gribouillé bien des pages pour les autres, c'est un autre, en fin de compte, qui prétend vous présenter ma longue vie et mon œuvre. Le peu que j'en ai lu ne m'a pas enchantée. Quelle idée de vouloir retracer tant d'espérances et d'échecs, tant de belles aubes et de tristes soirs ! Enfin, ce qui est fait est fait. Il est trop tard pour corriger ce qui devrait être corrigé. Ne me jugez pas trop sévèrement. Je vaux mieux que ces souvenirs lacunaires et aléatoires qui, non contents de s'emparer de ma voix, ne constituent, en dépit de leur ambition, qu'un livre de plus parmi les autres.

Œuvres de Jean d'Ormesson (suite)

Aux Éditions Julliard

L'AMOUR EST UN PLAISIR.
LES ILLUSIONS DE LA MER.

Aux Éditions J.-C. Lattès

MON DERNIER RÊVE SERA POUR VOUS. *Une biographie sentimentale de Chateaubriand.*
JEAN QUI GROGNE ET JEAN QUI RIT.
LE VENT DU SOIR.
TOUS LES HOMMES EN SONT FOUS.
LE BONHEUR À SAN MINIATO.

Aux Éditions Grasset

TANT QUE VOUS PENSEREZ À MOI. *Entretiens avec Emmanuel Berl.*

Aux Éditions Nil

UNE AUTRE HISTOIRE DE LA LITTÉRATURE FRANÇAISE, tomes I et II
(« Folio », n°ˢ 4252 et 4253).

Aux Éditions Robert Laffont

VOYEZ COMME ON DANSE (« Folio », n° 3817).
UNE FÊTE EN LARMES.
ET TOI MON CŒUR POURQUOI BATS-TU (« Folio », n° 4254).
LA CRÉATION DU MONDE.
QU'AI-JE DONC FAIT ?
DISCOURS DE RÉCEPTION À L'ACADÉMIE FRANÇAISE DE SIMONE
VEIL ET RÉPONSE DE JEAN D'ORMESSON.
C'EST UNE CHOSE ÉTRANGE À LA FIN QUE LE MONDE.
UN JOUR JE M'EN IRAI SANS EN AVOIR TOUT DIT.
DIEU, LES AFFAIRES ET NOUS : CHRONIQUE D'UN DEMI-SIÈCLE.

Collection Bouquins

LA VIE NE SUFFIT PAS.

C'EST L'AMOUR QUE NOUS AIMONS.

CES MOMENTS DE BONHEUR, CES MIDIS D'INCENDIE.

Aux Éditions Héloïse d'Ormesson

ODEUR DU TEMPS : CHRONIQUES DU TEMPS QUI PASSE.

L'ENFANT QUI ATTENDAIT UN TRAIN.

SAVEUR DU TEMPS : CHRONIQUES DU TEMPS QUI PASSE.

LA CONVERSATION (*Théâtre*).

COMME UN CHANT D'ESPÉRANCE (« Folio », n° 6014).

Composition : Nord Compo
Achévé d'imprimer par CPI Firmin Didot,
à Mesnil-sur-l'Estrée, en décembre 2017.
Dépôt légal : décembre 2017.
Numéro d'imprimeur : 144947.

ISBN : 978-2-07-274430-3/Imprimé en France

322760